「読書の自由」を奪うのは誰か

「自由宣言」と蔵書選択

Toshiaki Banba

馬場俊明

青弓社

「読書の自由」を奪うのは誰か

「自由宣言」と蔵書選択

目次

装丁――ナカグログラフ［黒瀬章夫］

凡例

［1］引用文の漢字・片仮名交じりは、一部を除いて漢字・平仮名にしている。
［2］引用文中の〔　〕は引用者による補記、（略）は省略を表す。
［3］書名は『　』で、新聞・雑誌名、記事のタイトルは「　」で統一している。

はじめに

二〇二四年は、「図書館の自由に関する宣言」が一九五四年に採択されて七十周年にあたる。「図書館の自由に関する宣言」は、七九年の改訂を経て現在に至っている。ただ、五四年採択は主文だけであるのに対し、七九年改訂は主文と副文で構成されている。

本書は、五四年採択後に起きた「図書館の自由」侵害事件で、七九年改訂の契機になった県立山口図書館蔵書隠匿事件（一九七三年）と、七九年改訂以降に発生した富山県立図書館『図録』事件（一九八六年）、船橋市西図書館蔵書破棄事件（二〇〇一年）に関する論考を所収する。

筆者は、一九六八年に日本図書館協会（Japan Library Association：ＪＬＡ）に入会し、八七年から九九年までＪＬＡ「図書館の自由に関する調査委員会」近畿地区委員を務めた。このため、わが国の図書館を取り巻く状況が透けてみえるようになり、微力を顧みず現状と課題について考察し発表をしてきた。

筆者の出発点は、大学図書館司書である。七三年、石井敦・前川恒雄著『図書館の発見』を手にして心を奪われた。公共図書館は誰もが利用することができる。身分も信条も年齢も一切を問わない。そこには、心豊かな民主主義の思想が育まれようとしていた。一人の人間が読書の営みによって自立しようとするとき、資料を提供し、支援するのが図書館の使命である。

ところで、前述の三館の「図書館の自由」侵害事件は、国家や警察権力など公権力の介入によって引き起こされたのではなく、図書館・図書館員自らが犯した事件である。それだけに、図書館界は論議を尽くしながらも、より踏み込んだ対応が求められた。それは、一つには組織構造的な問題が隠れているからである。ひとたび現実に直面すると、「図書館の自由に関する宣言」の理念と現実的な対応の間にはヒビや齟齬が生じる。そのため、事実を等閑にすることはできない。

といっても、ここ数年の自由と民主主義のあるべき姿が遠のいていく状況では、どのような事件の痕跡も、制度化された歴史のなかでいずれ消去されるにちがいない。筆者はそれを恐れる。正直にいえば、その兆候にこのような形態でしか抗うことのできない己が情けなくなるが、それでもなお、この機会に戦後図書館史に影を落とした三つの侵害事件を一冊にまとめて刊行することにした。これらの論文はこれまですでに発表したもので、現在の文体・視点にそぐわない箇所や本書内で内容が重複するところもあるので、多少、修正を施して所収した。図書館、読書、出版に関心がある方々に、多少でも興味をもっていただければ幸いである。

第1章　蔵書選択における自主規制
——県立山口図書館蔵書隠匿事件を考える

1　戦後民主主義の転換期——一九六八—七三年

「もはや戦後ではない」という言葉が『経済白書』の序文に現れたのが一九五六年である。復興の時代は終わった。新しい時代に向かうというメッセージだったのだろう。そのフレーズはまたたくまに人の口の端にのぼり、その年の流行語になる。かといって、すぐ新しい時代が始まったわけではない。鶴見俊輔は、歴史をみるうえで、日付がある判断が重要だと述べ、「ある時代の思想をいまの基準から裁断するんじゃなくて、当時のところまで退行してみる」[1]ことの大切さを教えている。

戦後民主主義が日本社会に根を下ろすのは、六〇年安保闘争に参加した「名もなき市民」の登場まで待たなければならなかった。いってみれば、それまでの戦後政治体制のなかで無自覚のうちに行儀よく過ごしていた国民が、身の回りを脅かす開発政策や公権力に対して、人間として拒否反応を示すようになったのである。その意識の変化が、普遍的な市民運動を生み出していったといっていい。

他方、政権側は、市民意識の高揚を前に不測の事態が発生することを危惧しながら、公共投資でダイナミックに高度経済成長期を演出し、技術革新をともなう大衆消費社会の成立を促した。

とくに、一九六〇年代後半から七〇年代前半にみられた市民の精神的連帯と断絶は、いまとなっては語り草だが、立ち現れてくる言動は魅惑的で幻想的だった。しかもそれらは、たいてい無意識な試行錯誤を経て、何かを学び取ろうとする意思の表明だった。

そこには、明らかな変化があった。たとえば、市民の政治参加への意識が革新自治体を誕生させたとよくいわれるが、一方では、ひそかにナショナリズムの復権がささやかれている。

一九六八年十月二十三日、政府は日本武道館で「明治百年記念式典」を挙行する。天皇・皇后臨席のもとに、皇室や政・官・財の代表、青少年代表ら一万人が出席する一大イベントである。

年末には、ノーベル文学賞を受賞した川端康成がストックホルムで「美しい日本の私」（傍点は引用者）と題して講演している。

翌年、東京大学は、「学問の自由」や自治の欺瞞を糾弾した全共闘の意思を踏みにじる。安田講堂に立て籠もった彼らを、警察機動隊を導入して力ずくで排除し権力をふりかざす。

連帯を求めて孤立を恐れず
力及ばずして仆れることを辞さないが

力を尽さずして挫けることを拒否する（東大闘争時の安田講堂内の壁の落書き[2]）

かと思えば、政府は七〇年安保闘争を無視するかのように、大阪万博（日本万国博覧会）を一九七〇年三月十五日から百八十三日間にわたって開催し、当時の日本は内外六千四百万人の来場に沸き立った。もっとも、閉幕直後の虚脱感に陥った日本人の精神は、自衛隊市ヶ谷駐屯地で割腹自殺した作家・三島由紀夫の「死」によって、理屈抜きに歴史の皮肉というものを感じたにちがいない。

そして、一九七二年五月、沖縄県の本土復帰が実現する。ただしこの二カ月前、同年三月に外務省沖縄密約漏洩事件が起きている。毎日新聞社の西山太吉記者が取材活動で入手した密約文書（電信文）をめぐって国会で質疑がおこなわれるが、政府は一貫してその文書の存在を否定する。政府は、事の重大さから取材源をしらみつぶしに調べた。もちろん、放っておくわけがない。それからまもなく、記者と外務省職員が逮捕される。そこから、「国家機密」vs「国民の知る権利」「報道の自由」論争が繰り広げられる。のちに密約を裏付けるアメリカ側の公文書の存在が明らかになるが、国にはおとがめなしである。政治とは、まさにこういうものである。同年年末の総選挙では共産党が第三党に躍進し、いやが上にも政治は「保革伯仲」の混沌とした時代を迎えようとしていた。

目を転じれば一九六八年に保守系知識人が文化団体・日本文化会議を設立し、翌年、文藝春秋から「諸君！」という雑誌の発行をみる。七三年には、小林秀雄や福田恒存らが提唱して「正論」（産経新聞社）が創刊される。六〇年代後半から七〇年代前半は、いうならば、草の根大衆ナショナリズムの種が蒔かれた時期でもあった。

こうした高度成長期の大衆ナショナリズムの動向に市民は怒りと苛立ちを深めながら、さまざまな形態の市民運動を繰り広げている。それは、一つの大きな歴史的選択だったといえるだろう。

市民運動は一九六〇年代後半から続く学生運動や労働運動と連帯し、反戦・平和の旗を押し立てていく。その社会的現象は、ひどく新鮮なものとして戦後社会に迎え入れられたように思う。

たとえば、首長選挙では、一九六三年に飛鳥田一雄が横浜市長に当選したのを皮切りに、革新自治体が次々と誕生している。この潮流のうえに、美濃部亮吉都政（一九六七年）が実現した。美濃部は、市民の自立を促しながら、「市民参加による市民福祉」を掲げた。彼の都政を象徴するキーワードが「広場と青空」だったことからもわかるように、都民には民主主義を実践する市民意識を駆り立てた。そして一九七三年には、当時九つあった政令指定都市のうち六市までを革新市長が担っている。いやそれはどうでもいいことだ。大事なことは、首長の動向ではない。これから述べる図書館のことである。

この年、日本放送出版協会は『図書館の発見』という本を刊行している。著者は、石井敦（神奈川県立川崎図書館奉仕部長）と前川恒雄（日野市立図書館長）である。同書は「図書館をつくろうとする市民運動は、いま、大都市を中心に激しい勢いで燃え広がっている」[3]として、「市民の図書館」の理念を掲げている。つまり、戦後公共図書館の転換期にあった。そればかりか、一九六〇年代末から七〇年代前半にかけての市民運動の広がりを背景に、平和、言論の自由、真実の報道、知る権利、人権など多様なテーマを取り上げる雑誌が相次いで創刊されている。その後の「雑高書低」時代を予見させるものがあった。

それにしても、「マスコミ市民――ジャーナリストと市民を結ぶ情報誌」（マスコミ市民フォーラム、一九六七年）、「月刊地域闘争」（ロシナンテ社、一九七〇年）、「市民」（勁草書房、一九七一年）が創刊されたこととその誌名は、この時期の世相を端的に表している。

その一方で、自民党若手議員が血判をもって保守政策集団・青嵐会を結成して社会を驚かせたのも一九七三年夏である。また、山口県では、殉職自衛官の妻が「自衛官合祀拒否」で国を訴え、その第一回口頭弁論が七月十六日に山口地裁で開かれている。外務省沖縄密約漏洩事件の公判もまだ終わっていない。八月八日には、東京のホテルから白昼、元韓国大統領候補・金大中氏が誘拐拉致されるという奇々怪々の事件が表面化した。社会にはファシズムの足音に似た不穏な空気が漂う。

それにしても一九六八年から七三年というこの時期は、わが国は高度経済成長のまっただなかにあり、六八年には国民総生産（GNP）が自由主義陣営ではアメリカに次いで二位になっている。その世相を反映した時代の裏側で、一つの判決が下されていた。第二次教科書訴訟（一九七〇年七月十七日、東京地方裁判所）での杉本判決と呼ばれるものである。

判決の一文「精神的・内面的世界の不可侵性」を紹介する。


現代国家の理念とするところは、人間の価値は本来多様であり、また多様であるべきであって、国家は人間の内面的価値に中立であり、個人の内面に干渉し価値判断を下すことをしない、すなわち国家の権能には限りがあり人間のすべてを統制することはできない、とするにある。(4)

このように戦後民主主義の揺らぎが分水嶺にさしかかった一九七三年夏、新館が開館してまもない県立山口図書館で、思いがけない不祥事が発覚する。同館職員が蔵書の一部を意図的に隠し、市民の「知る権利」の機会を奪う、俗にいう「図書館の自由」侵害事件である。史実的には県立山口図書館蔵書隠匿事件と呼ぶ。

本章は、この事件について、当時の関係者の著書、雑誌、新聞などの資料をよりどころに事件の全容を解明し、真相を検証・記録するものである。また、「蔵書隠匿」の根底に流れている「自主規制という名の検閲」という病理的現象を考察し、その精神史的位相の危うさを明らかにする。

2　県立山口図書館蔵書隠匿事件とは

県立山口図書館蔵書隠匿事件とは、一九七三年七月下旬、同館管理職が一般市民に開放している閲覧室の書架から、「図書館の中立性」や「公序良俗」に反する「好ましくない本」を数十冊抜き取り、段ボール箱に詰めて書庫の奥に隠した出来事をいう。一般に図書館界では、「図書抜き取り放置事件」「図書封印事件」と呼ばれている。ここでそれをあえて「蔵書隠匿事件」と言い換えるのは、事件の性格をより端的に示すためである。「隠匿」とは、「人に見つからないように、こっそりかくすこと」（『岩波国語辞典』〔第七版〕、岩波書店、二〇〇九年）で、事件の核心に触れるものとしては、定着している事件名よりも読者の理解を得られやすいと考えた。
事件は、八月下旬、利用者の一人が、よく利用していた開架図書が「行方不明」になっていることに不審を抱き、知人の「毎日新聞」の記者に取材調査を依頼したことから明るみに出た。いち早く報道した「毎日新聞」の記事を紹介しよう。長文になるが、あえて全文引用する。発覚した事実と経緯を把握するうえで欠かせない資料である。

図書館課長が勝手に隠す　山口県立図書館
反戦書など五十冊　「特定思想、好ましくない」と

【山口】　山口県立図書館で図書の選択管理をしている整備課長が、館長にも無断で一般市民に貸出し開放している開架図書から『難死の思想』（小田実）『反戦自衛官』（小西誠）『中共雑記』（エドガー・スノー）『ある在日朝鮮人の記録』（張斗植）など一連の本をごっそり引き抜き、書庫の奥に〝保管〟していたことが二十八日わかり、県民の読書の自由を奪う現代の焚（ふん）書だと強い批判が出ている。

この事実を最初に気付いたのは山口市後河原の林健二・山口信愛教会牧師。林さんは今月十六日山口地裁で第一回口頭弁論がおこなわれた〝自衛官合祀拒否訴訟〟の原告、中谷康子さんを守る会の世話人で、また仁保事件の際には、当時被告だった岡部保さんを守って支援運動を

精力的に進めた人。〝合祀拒否訴訟〟の準備や九月一日が関東大震災の朝鮮人虐殺事件記念日であることから、二十七日午前、同図書館で自衛隊批判の本や、在日朝鮮人関係の本を探した。ところが『反戦自衛官』『差別と偏見《（ママ）》―ヒロシマそして被爆朝鮮人』（平岡敬）など、目当ての本が目録には登載されているのに一切見当たらない。係員に「貸し出し中ですか」とたずねると「貸出しカードにはありません。本が傷んで修復に回してあるのでしょうか」という返事。不審に思った林さんが、そのほかの本についても調べたところ、林さんが関係した仁保事件について書かれた『仁保事件』（上野裕久）『タスケテクダサイ』（金重剛二）などの本が蒸発していた。

二十八日、林さんの訴えで毎日新聞社山口支局が同図書館に問い合わせたところ、係員はしばらく「変ですね」とウロウロ。やがて「書庫の奥に段ボール箱に詰められて置いてありました」とワゴンにいっぱい本を積んで持ってきた。ちょうど五十冊。林さんが探していた本のほかにも『人民的議会主義』（不破哲三）『芸術的抵抗と挫折』（吉本隆明）などの本が山積みされていた。

本を書庫の中に保管していたのは、同館の渡辺秀忠整備課長で「これらの本は一般市民に開放している開架図書としてはふさわしくないと思ったので四月下旬か五月初めごろ開架ダナから引き抜き、まとめて保管した。いずれ貸出し禁止の参考資料用に配置換えするつもりだったが、最近は夏休みで、来館者が多く、つい忘れていた」という。

同課長はまた一般開架図書と参考用図書を区別する基準について「特定の宗教やイデオロギ

ーに偏ったもの、公序良俗に反するものは開架図書としてふさわしくない。引き抜いた本は市民に与える印象が極端に硬かったり、裁判の資料など参考図書として保存した方がよいようなものばかりだ。いずれ図書選択委員会（司書以上の職員で開く）に判断を仰ぐつもりだった」とも言っている。

問題の本は同日休みだった参考課長の電話指示で夕刻、元の開架ダナに戻された。

林牧師の話　課長が本を開架図書から引き出したのは、三カ月半も前のこと。忘れてしまったなんてひどい話だ。市民の知る自由を奪うもので、単なる事務的なミスではなく、作為的なものとしか思われない。記者の人が帰ったあと〝私だけが悪者になるのか〟と館長に訴えていたが、その裏には何かいやなものがあるのを感じた。

青木英一同県教育長の話　詳しい事実関係を調べているが、一定の期間、特定の本を県民が見ることの出来ない状態となったのは問題だ。新図書館は七月に開館したばかりだし、加えて夏休みで来館者が多く、つい事務手続きがおろそかになったのではないか。誤解を与えたことは申し訳ない。(5)

同紙以外にも「朝日新聞」一九七三年八月二十九日付、「読売新聞」一九七三年八月三十日付、「防長新聞」と「赤旗」一九七三年八月三十一日付などが報じているが、「赤旗」を除いてはいずれも地方版だったので、当初はほとんど話題にならなかった。

しかし、隠された蔵書の多くが「反権力・反体制的」な出版物だったので、事件の全貌が明らかになるにつれて、県立図書館には連日、県内外のマスコミや図書館界をはじめ、社会党、共産党、教組・高教組、自治労、電通などの労働組合から言論・思想統制にあたるのではないかとして、厳しい責任追及や非難の声が寄せられた。そうなれば、事態は単なる一地方の県立図書館の問題ではなくなり、図書館界全体に及ぶ由々しい事件として社会的にも深い関心を呼び、波紋が広がった。さらにいえば、この時期、「市民の図書館」路線が多くの市民の支持を得ていただけに、マスコミも黙って見過ごすわけにもいかなかったのだろう。

また、日本図書館協会は、一九五四年に「図書館の自由に関する宣言」（以下、「自由宣言」と略記）を採択し、「基本的人権として、「知る自由」をもつ民衆に、資料と施設を提供する」ことを、図書館の最も重要な任務であると謳っている。それだけに、いきおい先進的な会員らは、「蔵書の隠匿」が同宣言の理念に反するとして危機感を強め、事件の真相と責任を追及するために集会や討議を重ねた。

ところでこの年は、県立山口図書館の開館七十周年にあたっていた。一九二八年（昭和三年）以来の旧館（本館）を四月中旬に閉鎖し、新館移転準備にとりかかっている。新館開館式は橋本正之知事出席のもとで七月二十三日の予定になっていた。開館時の同館は、蔵書数約三十四万冊（うち開架式三万冊、半開架式参考資料室一万冊）、職員体制は館長、副館長のもとに総務、整備、参考、普及の四課に分かれ、職員三十四人で構成されていた。(6)

事件は八月二十七日から二十八日にかけて、山口県教育記者クラブ（十二社）のメンバーに知れわたる。以降、新聞などが相次いで報道するが、懸命な取材にもかかわらず、県幹部から言質をとることができない。「朝日新聞」山口県版の一九七三年八月二十九日付では、整備課長の「特定の政党や思想、宗教など、かたよった書籍を一般貸出しにするのは好ましくないとかねがね考えていた。移転を機会に図書館の中立性を欠いたり、公序良俗に反することをモノサシに、私の判断で抜き出した」（傍点は引用者）という発言を取り上げ、ＪＬＡの「常識では考えられない」、利用者たちの「言論統制の昔に逆行したみたいだ」というコメントを掲載している。

そして、「いずれ参考文献として研究者向きにするつもりだったが、忙しさに紛れて忘れていた」という同課長の釈明については、村瀬和徳館長は「今回の措置は渡辺課長個人でやったもの」と述べ、図書館としての関与は認めない。これでは、告発した林健二牧師も怒りが収まらない。「情報を統制しているとしかいいようがないし、憲法で保障された知る権利の侵害だ」[7]（傍点は引用者）と強い口調で異を唱えている。

このように、「毎日新聞」「朝日新聞」の報道では若干、「いずれ図書選択委員会に判断を仰ぐ」（「毎日」）、「忙しさに紛れて忘れていた」（「朝日」）など事実関係に食い違いがみられるものの、誰がいつ書籍を隠したかという点では、ほぼ同じような報道内容である。

だが、「管理職が隠す〝好ましくない本〟五十四冊」と写真付きで事件を報じた「読売新聞」一九七三年八月三十日付の記事では、図書館側の説明によると、課長の一人が箱詰めにしたが、時期については不明だという。しかし、七月二十三日の開館一週間前、目録と書架を点検したときには問題がなかったというから、蔵書が隠されたのは開館式直前という見方が強い。根拠は、「開館日の二、三日前に、図書館管理職の間で「当日は県の幹部たちが開架式のところを視察するので、都合の悪い本は一時、片付けよう」と話し合っていた」という証言である。この証言については村瀬館長も「開館式の前に、管理職の一部で開架式のところの本について話し合ったことは事実だ。しかしわたしは、〝問題ない。そのままにしておくように〟指示した。まさかこんなことになっていようとは……。信頼を落とし、申し訳ない(8)」と事実を認め、陳謝している。

事件発覚後三日目の「読売新聞」は、誰がいつ隠したかについては、先の「毎日新聞」「朝日新聞」の記事に比べて、新たな証言によって事実の説明としてはつじつまが合うし、腑に落ちる。「読売新聞」による報道の注目すべき点の一つは、抜き取った図書を段ボール箱に詰め込んだ時期である。「毎日新聞」「朝日新聞」は新館への引っ越し準備期間中としているが、「読売新聞」では開館式直前としている。もう一つは、館長が「朝日新聞」の取材には「渡辺課長個人」の責任と答えていたが、記事ではほかに話し合った管理職の存在を暗に認めている。

こうした報道によって、一応の事実経過が県民の前に明らかにされたが、肝心の「抜き取られた本」の理由については、図書館側の説明では釈然としない。

なお、この事件の最も身近にいた利用者の林牧師は、個人誌「人間であるために」第八、九号で、告発から抗議までのいきさつ、県政の体質を詳しく報告している。そのなかで、社会党などが県教育委員会へ抗議に出かけたときに同行し、教育長にその姿勢をただしたことを報告している。青木教育長と同席していた村瀬館長は、「関係職員から事実を調査するとともに、図書館の組織上の問題を検討したうえで、県民に陳謝する」と殊勝げに頭を下げるが、「教育長は「かくしたかどうか」という事件の核心にふれてくると、館長の発言をおさえて、「これは、あくまで、事務上のミスだ。一般貸出しから、参考資料に入れるために別置しておいたのだが、開館前後の忙しさで忘れていたのだ」と答えました(9)」(傍点は引用者)。こういうことができる教育長は、やはりなかなかの政治家である。就任まもない館長に代わって、言質をとられないよう模範回答を示したといえる。青木教育長はその権威を、このあといやというほど見せつける。

県立山口図書館がこの問題で正式に記者会見したのは、それから三週間後の九月二十日である。地元紙「防長新聞」一九七三年九月二十一日付によれば、館長が蔵書隠匿の事実経過を説明したという。七月二十一日午前、「整備課長が参考課長をうながして、二十～三十分間に一連の図書四十～五十冊を開架式から抜き取って段ボール箱に詰めた(10)」といい、関与したもう一人の管理職が参考課長だったことを明らかにした。二人の課長は「参考資料室へ移したほうが利用者に親しみやすいのではと考えて抜き取り、後に図書選択委にはかるつもりだったが、忙しくて忘れていた」と弁明に努めている。そのころには、参考課長の名が升井卓弥であると公になっている。のちに『山口県立山口図書館100年のあゆみ』では、「図書抜き取り放置事件」を次のように記している。

開館式を間近に控えた昭和四十八(一九七三)年七月二十一日、全職員が開館準備に余念のない状況の中で、資料収集の担当責任者である整備課長が参考課長に相談して、開架にふさわしくないと判断した数十冊の本を段ボール箱に詰めて書庫に入れた。二人で行った恣意的な自主規制ともいえる行為であった。そのまま開館の日を迎え、連日大勢の入館者が続き職員はその対応に大忙しの状態となった。両課長が書庫に入れた段ボール箱の本は、そのままの状態で失念、放置された。[11]（傍点は引用者）

専門職といえども人間である。不注意や独断によって過ちを犯し、社会や同僚の信頼を裏切る可能性は、どこの、どのような組織にもある。あるいはそれは、暗黙の合意に基づく行動原則だったかもしれない。

こうして、蔵書隠匿事件の波紋は県議会に及び、九月定例会の一般質問のなかで、県教育行政の図書館への姿勢が問われることになる。以下、事件の関連質問と青木教育長の答弁を議事録から採録する。

十月一日

原田孝三議員　図書館の管理職が、例えば家永三郎、反戦自衛官、連合赤軍、朝日新聞、読売のいろいろな本を偏向と称して見せない措置をした。これは現在の教育委員会の方針を先取りしたのではないか。

青木教育長　図書館の問題は、約四、五十冊の資料を、一カ月間にわたって利用に供することができなかった。抜き取ったのは七月二十一日の朝で、整備課長が参考課長を促し、二十三日の開館を迎えるに際し、多数の来館者が予想されるので、印象を考え、親しみやすい資料をそろえ、固さをほぐしたいと考えたものである。抜き取った資料は、図書選定委員会に諮り、一般貸し出しコーナーから参考資料コーナーに移すつもりであった(12)。

空々しい答弁とはこういうことをいうのだろう。当時就任三年目の教育長は、「行政は全くの一年生」と会見で答えていたが、なかなか手強そうである。

これに次いでこれからの山口県教育の根幹を問われて、教育長は、「憲法、教育基本法の根本精神にのっとり人間尊重の精神を基盤として、我が国並びに県の良き伝統に即しながら、広く世界的視野に立った心身とも調和のとれた豊かな人間の育成について(13)」努力すると所信を述べている（傍点は引用者）。

十月二日

山本利平議員　山口県で七月二十二日県立図書館において、渡辺秀忠整備課長が、五十二冊あるいは八十数冊ともいわれている図書を段ボールに入れて封印する事態が発生した。憲法が保障する言論、出版、集会、結社の自由は、基本的人権の問題である。少なくとも県の図書館がじゅうりんした事実について見解を伺いたい。封印した書籍を参考書として取り扱う答弁であったが、参考書の位置付けと一般〔に〕自由に閲覧できる図書との関係はどうなのか。それはどういう立場により規制するのか、また参考資料としなければならないのか。

青木教育長　全国図書館大会で三つの柱、資料収集の自由、資料提供の自由、すべての不当な検閲に反対することが全員一致で議決されたが、読んだ範囲内では賛成で、従来今後ともこの方針でいくことに変わりはない。

七月二十一日の朝に整備課長が参考課長とともに抜き取った。封印はしていない。この点は事実と違うが、ある一定期間利用できなくなった。抜き取った資料は図書選択委員会に諮り、一般貸し出しコーナーに入れるか、参考資料コーナーに入れるか決めるつもりであった。しかも分けることは問題ないとしても、一定期間忘れていたことに重大な結果を招いたと考えている。[14]

このあとも山本議員の再質問、再々質問と教育長の答弁が続いたのだが、典拠文献には具体的な議事内容の記載はない。ただ、新聞記事によれば、おおよそ次のような質問と答弁が交わされている。

山本利平議員　知る自由を持つ住民に書物と場所を提供するのが図書館の使命である。幅広く資料を収集しておくべき自由公平な立場でなくてはならない。前日の教育長の答弁では隠蔽していた図書は参考書とし、一般貸し出し部門には置かないということだがなぜか。これまでは一般貸し出し部門に置いていたではないか。

教育長　不祥事があったことは深くおわびする。隠されていた図書は図書選択委員会に諮って一般貸出部門か参考部門に置くかを決めることにしている。[15]

しかし、同県議の追及はやまない。ＪＬＡ「自由宣言」を引用し、蔵書隠匿事件が民主主義の根幹・基本的人権の一つとしての国民の知る自由を脅かすものだと、県を厳しく糾弾する。

山本議員　図書館の宣言の基礎には、著者の思想的、党派的、宗教的立場でその著書の良書の可否を判断してはならない。思想性などの理由で資料を書架より撤去したり破棄したりしてはいけないという原則がある。この点からみても、県立図書館の今回の事件はまったく許せない。封印された書籍が、事件後一カ月余をへた今日なお一般貸出し扱いされず、参考書とされているのは、県の根本的な態度がなんらあらためられていない証拠である。

教育長　県民に不信を与えたことは申しわけない。[16]

実はこの日、午前に県教育行政の姿勢を問う質疑がもう一件あった。同和教育副読本が回収、格納された問題と関連した質疑応答である。

十月四日

安富隆吉議員　社会教育費の中に七百五十八万何がしかの予算で、六万二千部にわたる同和教育副読本の予算が組んであるが、回収格納されているあの間違った同和教育副読本をやりかえるための内容のものである。あわせて、そうであるならば、少なくとも県の教育委員会は県の財政に打撃を与えたと言わざるを得ない。

事実上この副読本問題についての最高責任者は、その後の人事異動により昇職し、制裁措置は訓告にすぎず、今日また新たに問題を提起している図書館問題の最高責任者になったという事実を見ると、山口県教育委員会、教育庁の中に、民主主義にマッチしない思想があるのではないか。

青木教育長　人事は適材適所の原則に基づき、広い視野から人事の刷新を図り、職員の勤務意欲を高揚させる。さらには教育及び教育行政の能率増進を図る基本方針に立って行った。

教育委員会の中に民主主義の世の中にマッチしない思想があるのではないかについては、教育委員会としては、教育行政は、教育基本法にのっとり、不偏不党の立場を堅持している。県民奉仕の精神に基づいて運営しているし、今後とも変らない。

俵田佐議員　図書館問題である。無料の貸し本屋のような気持ちで県の図書行政をやっているように聞こえる。教育行政の社会教育を担当する図書館の行き方には、一つの方針を立てて堂々と言うべきである。

青木教育長　図書館の運営については、十分熟していないが、あくまで利用者とともにある図書館としての理念を職員に徹底しなければならないこと、組織運営については、民主的運営になるように改革案を考えなければならない。そのために、行政組織の確立、図書選択委員会の機能の改善、利用者懇談会の活用がある。(17)

もっともらしい教育長の答弁とはいえ、だからといって答弁が誠実であるというわけではない。教育行政は市民サービスの精神に基づいて運営しているといいながら、「利用者とともにある図書館としての理念を職員に徹底しなければならない」と責任を職員に転嫁し、隠匿の事実に潜むイデオロギー的「モノサシ」の恣意性については、なんとも不明瞭な状態で放置されてしまっている。すなわち、教育長にとって大事なことは、権威・権力の正当化であり、集団的意識の表明であって、「蔵書隠匿」が恣意的だったかどうかなど、たいした問題ではなかった。要は、県教育委員会の指揮、命令系統による体系化された組織原理を優先し、へたな言質をとられないように、論点を体よくはぐらかすための答弁だったのである。

このように、教育長は、自らが拠って立つ信念を表明せずに、建前を述べて答弁を締めくくっている。事件が県教育行政の体質に起因していることは明らかなのに、その言説をまったく認めていない。それどころか、戦後民主主義は間違いだったと言わんばかりの慇懃無礼な答弁だった。

そもそも、県教育委員会は、県民に対し直接に責任を負って、教育が不当な支配に屈することがないよう、地方の実情に即して教育行政をおこなう機関である。首長や文部省から独立した存在であるはずではなかったのか。実は、そこにこそ、蔵書隠匿事件の原因があるはずなのに、教育長は問題の本質から目をそむけて、隠蔽のうえにあぐらをかいてしまった。

もちろん、教育長も事件の要因について、具体的なことをつかんでいたにちがいない。だが、肝心なところで、山口県政の「忠君愛国」の「精神の美学」から逃れられずに、典型的な官僚答弁に終始した。ただ、これで事が収まったわけではない。いや、それどころか、「県民に不信を与えたことは申しわけない」と陳謝しているのだから、このあとの毅然とした対応が望まれるはずである。厳しい言い方になるが、世の中では、トップへの階段を上り詰めたと思ったとき、すでに転落が始まっている。教育長はそのことを肝に銘じるべきだった。

そこで、思い出したのが、同じ山口県出身の民俗学者・社会教育学者の宮本常一の言葉である。彼が林業金融調査会に参加しているとき、若い所員に向かって、よく言ったという。

樹をみろ。
いかに大きな幹であっても、枝葉がそれを支えている。
その枝葉を忘れて、幹を論じてはいけない。
その枝葉のなかに大切なものがある。(18)

筆者が手帳にメモした言葉の断片にすぎないが、高等学校長を務めた経験がある教育長にはわかっていただけるかと思う。

3 「隠された蔵書」と内部告発者

この事件は、新聞報道では林牧師の告発で発覚したとされているが、実は、書庫の片隅に置かれていた段ボール箱を発見して問題視したのは、県立山口図書館の阿部葆一《ほういち》司書である。阿部は、同館退職後、事件から十五年たったころ、「この事件の発端に立つ人物は私です」と名乗り出た。そしていわば内部告発者という立場で、事件の全貌と「核心的なところ」や「目や耳がとらえた真実」を誤りなく伝えておきたいとして、「山口図書館の『図書封印事件』と『図書館の自由』」[19]という手記を発表した。彼は、この手記の発表が自身にとって「つらいだけでなく」、当時の管理職や同僚にとってもつらいことになるだろうと思いやりながらも、「あれこれの迷い」を排除し、率直に筆を運んでいる。それでいて、「「図書館の自由」を守り確立する立場の正しさ」のためには、「なにも疚しいことはしていない、すべては読者の判断に委ねる」とする。

ここから、阿部の手記を要約しながら考察を進める。

新館開館後、連日多忙を極めていた八月二十五日、その日は土曜日で時間に比較的余裕があったので、参考室奥の書庫に入り、調べ物をしていた。戻ろうとして、「ふと何の気なしに、すぐ側にある段ボール箱の蓋を開けた」ら、「本がぎっしり詰まっていた」という。その小さな偶然が「事件の発端の発端」ということである。

阿部は、次のように書いている。

「誰が、いつ、どういう意図で、ここへ隠したか」、それが問題です。館長、課長、長のつく者はすべて疑わしいと見るべきです。それにしても隠された本はこれだけか、まだあるのではないかと考えました。そこで直ちに七階〔層〕ある書庫すべてを見て廻り、結局これだけであると確認しました。そして全部の本の簡単な目録を書きました。[20]

このときの彼の心情を推察すると、進歩的な思想・信条をいだく要注意人物として「さまざまな意味で追いつめられて」いただけに、偶然にせよ、現場に立ち入った気持ちの高ぶりは抑えることができなかっただろう。冷静さを取り戻せないまま外部の人に協力を依頼したのではないか。もちろん、手記は、そのとき生じた心中の葛藤にも触れている。

阿部が考えた解決方法が以下である。一つは「告発を中止して」、隠された蔵書を所定の場所に戻し「穏当」に事態を収める。もう一つが館長に「事実を報告」し、対応策を考える。最後は直接、上司らに「問いただす」というものだった。いずれもしかるべき方法である。だが、阿部が実際に選択したのは、そのいずれでもない、「ジャーナリズムを通じて広く社会に知ってもらう」ことだった。彼は、その日のうちに、親交を深めていた信愛教会の林牧師に事の経緯を打ち明け、「早急なマスコミへの働きかけ」を一任している。[21] 林牧師が行動を開始したのはその二日後であり、「毎日新聞」が事件を報じたのは、その翌日のことである。もっとも、隠された蔵書の具体的な書名は一部を除いて掲載していない。

県立山口図書館が段ボールに詰め込んだ蔵書のリストを公表したのは九月一日だった。発表の際の配布資料は未見である。以下の蔵書リストは、歴史学者林英夫の「最近における一連の表現の自由侵害事件」に掲載されていた公表リスト（四十三冊）に基づいて編集している。なお、リスト44から59は、林英夫のリストには記載されておらず、林牧師によって付け加えられたものである。それが（Ａ）欄に○を付したものである。[22] このほかに、「朝日新聞」の門哲記者の取材調査による「隠された本」のリストも公表されている。参考のために併記する。（Ｂ）欄に○を付したのがそのリストに掲載されているものである。[23]

なお、このリストは、著者名、出版社名などが曖昧なものや不明のものについては筆者が可能なかぎり補記した。ただ、出版年については、国会図書館や県立山口図書館の蔵書検索によって調査したが、書誌情報としては不備なものがあるかもしれない。

＊をつけたものは、林牧師、阿部司書が「カムフラージュ本」と呼んでいた要修理本のことである。

「隠された蔵書」リスト

		（Ａ）	（Ｂ）
1	朝日新聞社編『私の教科書批判』（朝日新聞社、一九七二年）	○	○
2	堀堅士『現代日本の政治構造』（ミネルヴァ書房、一九七一年）	○	—
3	小田実／鈴木道彦／鶴見俊輔編著『脱走兵の思想――国家と軍隊への反逆』（太平出版社、一九六九年）	○	—
4	林道義『スターリニズムの歴史的根源』（御茶の水書房、一九七一年）	○	—
5	湯浅赳男『スターリニズム生成の構造』（三一書房、一九七一年）	○	○
6	共産主義者同盟赤軍派編『世界革命戦争への飛翔』（三一書房、一九七一年）	○	—
7	吉本隆明『芸術的抵抗と挫折』（未来社、一九六五年）	○	○

8 家永三郎『歴史家のみた憲法・教育問題』(日本評論社、一九六五年) ○ ○

9 家永三郎『戦争と教育をめぐって』(法政大学出版局、一九七三年) ○ ○

10 小田実『難死の思想』(『人と思想』、文藝春秋、一九六九年) ○ ○

11 不破哲三『人民的議会主義』(新日本出版社、一九七〇年) ○ ○

12 平岡敬『偏見と差別——ヒロシマそして被爆朝鮮人』(未来社、一九七二年) ○ ○

13 高木俊朗『全滅——インパール作戦 戦車支隊の最期』(文藝春秋、一九六八年) ○ ○

*14 アルベルト・モラヴィア『軽蔑』(大久保昭男訳、至誠堂、一九六四年) ○ ○

*15 犬養道子『私のアメリカ』(新潮社、一九六六年) ○ ○

*16 阿藤朋秋『ラバウル——その10万分の1の記録』(阿藤朋秋、一九六七年) ○ ○

*17 三浦綾子『積木の箱』(朝日新聞社、一九六八年) ○ ○

*18 山口治『非行少年』(雄山閣出版、一九六七年) ○ ○

*19 古屋五郎『南十字星の下に』(新聞春秋社、一九六四年) ○ ○

20 家永三郎『家永三郎教育裁判証言集』(一ッ橋書房、一九七二年) ○ ○

21 マリオ・プーヅォ『ゴッドファーザー』(一ノ瀬直二訳〔ハヤカワ・ノヴェルズ〕、早川書房、一九七二年) ○ ○

22 朝日新聞社編『日本共産党』(朝日新聞社、一九七三年) ○ —

23 宮本顕治『宮本顕治対談集』(新日本出版社、一九七二年) ○ ○

24 全国進路指導研究会編『選別の教育——中教審答申を批判する』(〔「教育への告発」第二

巻』、民衆社、一九七一年）　○　○
25　金重剛二『タスケテクダサイ——仁保事件と岡部さん』（理論社、一九七〇年）　○　○
26　上野裕久『仁保事件——別件逮捕と拷問』（敬文堂出版部、一九七〇年）　○　○
27　張斗植『ある在日朝鮮人の記録』（同成社、一九六六年）　○　○
28　D・W・コンデ『朝鮮——新しい危機の内幕』（岡倉古志郎監訳、新時代社、一九六九年）　○　○
29　小西誠『反戦自衛官——権力をゆるがす青年空曹の造反』（合同出版、一九七〇年）　○　○
30　読売新聞社会部編『連合赤軍——この人間喪失』（潮出版社、一九七二年）　○　—
31　むのたけじ『解放への十字路』（評論社、一九七三年）　○　○
32　霜多正次『日本兵』（東邦出版社、一九七二年）　○　○
33　霜多正次『沖縄島』（東邦出版社、一九七二年）　○　○
34　エドガー・スノー『革命、そして革命…』（松岡洋子訳、朝日新聞社、一九七二年）　○　—
35　小山内宏『沖縄——この恐るべき歴史と現実』（講談社、一九六九年）　○　○
36　ヴォルフガング・レオンハルト『ソ連の指導者と政策——スターリン以後のクレムリン』（加藤雅彦訳〔サイマル双書〕、サイマル出版会、一九六九年）　○　—
37　日本大学文理学部闘争委員会書記局編『叛逆のバリケード——日大闘争の記録 増補版』

（三一書房、一九六九年）　○　○

38　カイ・ヘルマン『反乱――学生は抗議する』（末吉寛訳、三修社、一九六九年）　○　○

39　佐橋滋『日本への直言』（毎日新聞社、一九七二年）　○　―

40　エドガー・スノウ『中共雑記』（小野田耕三郎／都留信夫訳、未来社、一九六四年）　○　○

41　トム・ヘイドン『反戦裁判――アメリカ・ニューレフトの戦い』（宮原安春／梅谷昇訳、三崎書房、一九七二年）　○　○

42　日本教職員組合編『新小学校教科書を告発する』（〔教科書白書〕、一ツ橋書房、一九七〇年）　○　○

43　友田不二男『教育公害へのアプローチ』（〔教育への提言〕、青山書店、一九七二年）　○　○

44　金井利博『核権力――ヒロシマの告発』（〔Sanseido books〕、三省堂、一九七〇年）　○　○

45　太平出版社編『新しい朝鮮から――ルポルタージュ』（太平出版社、一九七二年）　○　○

46　岩村三千夫編『中共九全大会――資料と解説』（青年出版社、一九六九年）　○　○

47　太田三郎『叛逆の芸術家――世界のボヘミアン＝サダキチの生涯』（東京美術、一九七二年）　○　○

48　フランツ・ノイマン『政治権力と人間の自由』（H・マルクーゼ編、内山秀夫ほか訳、河出書房新社、一九七一年）　○　○

49　アンドレイ・サハロフ『進歩・平和共存および知的自由』（上甲太郎／大塚寿一訳、みすず

書房、一九六九年）　○　○

50　ヴラス・チェーニン『眠れ同志――モスクワナイト』（津雲祐訳、立風書房、一九七二年）　○　○

51　ウィリー・ブラント『平和のための戦い』（直井武夫訳、読売新聞社、一九七三年）　○　○

52　クララ・アークハート編『不服従のすすめ――核時代の行動の理論』（田村浩訳〔フロンティア・ブックス〕、弘文堂、一九六五年）　○　○

53　高橋三郎『抵抗と服従の原点』（教文館、一九七二年）　○　○

54　サミュエル・ハンチントン『変革期社会の政治秩序』（上・下、内山秀夫訳、サイマル出版会、一九七二年）　○　―

55　『明治社会主義発達史』（著者不明、出版社不明）　○　○

56　榊利夫『政治革新とイデオロギー』（青木書店、一九七二年）　○　○

57　政治革新懇話会編『新しい革新政党の構想――シンポジウム政権への道を考える』（〔自由選書〕、自由社、一九七二年）　○　○

58　イワン・ヴァーゾフ『桎梏の下で』（松永緑弥訳〔東欧の文学〕、恒文社、一九七二年）　○　○

59　『角川版昭和文学全集 第36 中野重治』（角川書店、一九六四年）　○　○

60　松田修『刺青・性・死――逆光の日本美』（平凡社、一九七二年）　―　○

61　中野重治『中野重治集』（『新選現代日本文学全集』第七巻）、筑摩書房、一九六〇年）
62　北村耕『井上光晴論』（「現代作家論叢書」、東邦出版社、一九七二年）
63　武藤一羊『主体と戦線――反戦と革命への試論』（合同出版、一九六九年）
64　G・グリーン『マルクス主義かアナキズムか――新しいラディカリズム』（河村望訳、青木書店、一九七二年）

隠された蔵書は「参考資料室に移したほうがよい」として除架したとするが、リストをみてもそれらしき内容の本など見当たらない。「特定のイデオロギーに偏ったり、公序良俗に反したり」しているど主観的な「モノサシ」（判断基準）に基づいて選ばれたものであることは明白である。館長らは「忙しさに紛れて忘れていた」などと言い訳するが、とうてい納得できるものではない。まして「意図的に隠した」ことがわかれば、放っておくわけにはいかない。

歴史学者・林英夫はこの事件について、「図書館が、勝手に「反公序良俗・非中立」と判断して、彼らがいう「危険な思想」の本の購入を避けることで、危うさに近づかない体制をとることが予想される」(24)と指摘する。突き詰めていえば、「反公序良俗・非中立」は、戦前から続く日本の伝統的な善悪の判断基準である。それらは時代と法的環境の影響を受けるものの、本質的には変化することはない。その脈絡でいえば、市民への資料提供に「倫理性」と「中立性」が求められる戦後の公立図書館でも、周知のとおり、その思想的位相は執拗に繰り返されている。少なくとも同時代の図書館には、そのような「反公序良俗・非中立」という主観的判断基準に対しては、制度的規制として許容するという暗黙の合意が成り立っていたとみていいだろう。

たとえば、事件に関連して、ある研究集会の討論のなかで、一人が「山口県図書館の場合は、まずいやり方をしたのであって、自分たちの図書館に於ても始めから買わないというようなことがあるのではないだろうか[25]」と参加者に問いかけている。言い換えれば、公共図書館の収集・選択には、多かれ少なかれ、公表された収集方針を視野に入れながらも、財政的・物理的制約のもとで価値判断がおこなわれるので、おのずとすべての資料を平等に取り扱うことはできない。そのために、何らかの基準をもとに、ときには収集拒否へと選択の舵を切らざるをえないというのが実情のようである。

したがって、「望ましいことではない」が、この事件における「中立性」や「公序良俗」などのイデオロギー的価値観に基づく判断基準は、法的な規制よりも曖昧で便宜的といえるから、しばしば主観的な解釈が可能になる。

つまり、「隠された蔵書」は、選択会議の場では購入が認められたものであり、それだけに蔵書選択については、高い見識と寛容の精神が必要になってくる。

もちろん、法的規制には形式的とはいえ、おのずから法の下の平等という枠組みがある。これに対して、個人的な倫理観や道徳観に沿ったイデオロギー的な規制は、個人の内面化された動機にともない、ときには不寛容の思想として、ゆるやかに立ち現れてくるから始末がわるい。たとえ、それがエスカレートすることがあっても、組織体制がその非を認めないかぎり、誰もが見て見ぬふりでやり過ごすようになる。だからこそ、この事件を暗黙の合意として葬り去ってはならない。阿部は、事件の数年前、「図書館雑誌」に「われわれの自由」への道」と題する論文を発表している。彼はその結びで日本人の「知的自由」に触れて、次のように述べている。

図書館界の内部にも外部にも、「なにごともいは」ないでも通ずる幸福な沈黙のある反面、むしろ言ってもしょうがないというあきらめの沈黙もあるだろう。あきらめないで対話し問題をもっている人を発見するところに「われわれの自由」への道があるのだろう。(26)

この一文を書いた阿部と告発者としての彼の精神を理解しなければ、事件の本質も、ひいてはこの時代がもつ「知的自由」の意義をも見逃してしまいかねない。いわずもがなのことだが、内部告発行為は、告発者が実名を出そうと匿名だろうと、往々にしてはなはだしい毀誉褒貶を引き起こす。「勇気ある行為」と褒めそやされることもあれば、逆に、同僚の信頼や組織を「裏切る行為」だとして、ひんしゅくを買うこともある。

この事件の場合、内部告発の成否を左右するのは、上司や同僚がその蔵書隠匿の事実を認め、市民の「知る権利」を侵害しているという加害者意識をかみしめるかどうかにかかっている。そのうえさらに、多くの他者の理解と一定の支持を得なくてはならない。そうでなければ、悪意に満ちた卑怯な手段と非難を受けるだけである。阿部には、館内で発覚した事件を外部の協力者に託して告発することは、組織に対する背信行為であり、許しがたい、責められるべき行為であるという忸怩たる思いは当然あっただろう。しかし、四月に就任したばかりの村瀬館長（前社会教育課長）に実情を報告し、対応策を講じてもらったり保守的な職場で事を言い立てたりすれば、いたずらに対立をもたらすことになる。自身の気持ちも吹っ切れない。そこで直属の上司にも相談することなく、あえて内部告発に踏み切ったと考えられる。

阿部にとっては、追い詰められないためにも、自らの思想と行動を職場で示すことも可能だったが、それよりも、事件をとがめる手段として外部に告発することが有効だと決断した。その行為は、勇気がいることだったろう。そこには、前年の外務省沖縄密約漏洩事件での「国家機密」vs「知る権利」論争で展開した西山太吉の記者魂の影響が少なからずあったことは否めない。

もし、彼の内部告発がなければ、「図書館の中立性」や「公序良俗」という体制的価値基準によって恣意的に隠された蔵書は冥々のうちに葬られ、新しい市民の「知る権利」を長期にわたって侵害していたかもしれないのである。阿部は自らの告発について力説する必要はないけれど、判断を誤ったと悔いる必要もない。

4　県立山口図書館の光と影――小松原訓令

一般に図書館といえば、市民が気軽に立ち寄れる県立、市立、町立などの地方公共団体が設置する公立図書館を指す。いまや全国で三千三百館を超えるが、事件当時はわずか八百館あまりにすぎなかった。

それらの図書館は、図書館法第二条第一項で「図書、記録その他必要な資料を収集し、整理し、保存して、一般公衆の利用に供し、その教養、調査研究、レクリエーション等に資することを目的とする施設(27)」と定義されている。そして公立図書館は、「この目的を達成するために地方公共団体が設置した公の施設」(図書館法第二条第二項、地方自治法第二百四十四条、地方教育行政の組織及び運営に関する法律第三十条)であり、「社会教育のための機関」(社会教育法第九条第一項)である。

このように公立図書館は、教育行政の一分野を担う行政機関であり教育機関でもあるから、おのずとその機能的役割と責任が問われることになる。

たとえば、前述の蔵書隠匿事件でのイデオロギー的規制の動機は、不測の事態への危惧と考えられる。図書館がその機能的役割と責任を十全に果たすように図るべき立場の課長にとって蔵書隠匿は「望ましいことではない」が、公務員としての倫理規定が頭から離れなかったのではないか。

実際、規制の動機といえば、倫理的・道徳的なものや政治的・思想的、宗教的・世俗的なものに至るまで複雑多岐である。しかも、それらはさまざまな権力や権威と分かちがたく結び付いているので、個人・組織を問わず、なかば無自覚的に善意を装って現れてくるから始末がわるい。

役所のメカニズムは、多かれ少なかれ、ピラミッド型の権限を体系立てて行政の政治化を推し進め、市民を掌握するための抑圧装置としての側面をもつ。したがって、この蔵書隠匿事件は、県教育行政はもとより、その背後にある歴史的風土の光と影が織りなす政治的文脈のなかでとらえなければならない。そのためには、「山口県の政治、教育の〝先進〟ぶりをしめすと同時に、反県民的な弾圧政治や反動的軍国主義教育が全国の先進を切ってすすめられてきた[28]」過去をたどる必要がある。

一八八一年（明治十四年）、自由民権運動が高じてくるなかで、国会開設をめぐって岩倉具視や伊藤博文が大隈重信と対立し、彼を要職から追放して薩長藩閥政権を確立した。「明治十四年の政変」である。

その後伊藤博文は、大日本帝国憲法（一八八九年（明治二十二年）。以下、帝国憲法と略記）を起草する。彼は、憲法には「機軸」が欠かせないが、この国にはまだない。あるとすれば、「独リ皇室アルノミ」と考えた。そして定めた条文が「天皇ハ国ノ元首ニシテ統治権ヲ総攬シ此ノ憲法ノ条規ニ依リ行フ」（第一章第四条）とされる[29]。思想史的には「天皇制」ということになるだろう。

ちょうどそのころ、伊藤と伍して政府の重鎮になっていた山縣有朋が、内憂外患の国の危機に対処するため、抜本的な地方制度の改革に乗り出している。それは、官治地方制度と呼ばれる。市制町村制、府県制の整備を図り、長官を政府の代理人と権威づけて地方の実権を掌握するシステムである。悪法といわれたこのシステムは、敗戦後もしばらく続いていた。

初代伊藤博文から山縣有朋をはじめ、安倍晋三まで八人の総理大臣を輩出した山口県は保守王国である。そういえば、第三次伊藤内閣（一八九八年（明治三十一年））の文部大臣・外山正一は、「政府に山口県人の有力政治家が多いのはなぜか」と問われて、府県別に全国の義務教育から高等教育までの普及・進学率などの比較・分析に取り組んだ。その結果、山口県は、ほかのどの府県よりも抜きんでていて、理想的な学歴社会の実現に努めていると高く評価した[30]。

それはそれとして、教育勅語（一八九〇年〔明治二十三年〕）は教育に関する天皇の意思表示の文言にすぎないが、帝国憲法下では、この国の教育の「忠君愛国」の基本理念を示すものとして、「此レ我カ国体ノ精華ニシテ教育ノ淵源亦実ニ此ニ存ス」と権威づけられている。そればかりか、のちに治安維持法（一九二五年〔大正十四年〕）の第一条に「国体ヲ変革シ」と「国体」という言葉が明記されると、戦前の法体系上に君臨するものとなる。

丸山真男によれば、「天皇制が近代日本の思想的「機軸」として負った役割は単にいわゆる国体観念の教化と滲透という面に尽されるのではない。それは政治構造としても、また経済・交通・教育・文化を包含する社会体制としても、機構的側面を欠くことはできない[31]」という。

このように、一八九〇年前後（明治二十年代）はいわばわが国の近代国家体制が成立した時期であり、天皇制による家族国家観のイデオロギーが広く流布し、教育行政の発展の基盤が着々と固められていたともいえる。

なかでも注目すべきは、文部省の意向に沿って設立された大日本教育会の存在である。半官半民の同団体は付属書籍館を創設（一八八七年〔明治二十年〕）し、館則に「教育及学術ニ関スル通俗ノ図書、雑誌ノ報告書等ヲ蒐蔵シ広ク公衆ノ閲覧ニ供セントスル」と定めている。当時文部次官でもあった辻新次同会長は、「主トシテ通俗近易ノ書即チ解シ易クシテ益アリ面白クシテ害ナク所謂利益快楽両得スヘキ書籍」の収集をもって、年齢、職業にかかわらず誰でも「不知不識ノ間ニ読書ノ嗜好ヲ養成シ智徳ヲ増進[32]」させる構想を披歴する。

一方、文部省は小学校令（一九〇〇年〔明治三十三年〕）を改正し、学校教育の一規定にすぎなかった図書館を、市町村でも設置できるよう法制上の措置を講じる。省令をもって、図書館に「教員生徒及ヒ衆庶」の閲覧に際して、「務メテ平易ニシテ且有益ナル図書ヲ備ヘセシメ教育上風俗上有害ナルモノヲ備フルヲ禁スルコト及其他図書種類ヲ限ル等ハ最モ監督者ノ注意ヲ要スヘシ[33]」という指導監督を要請している。もっとも、文部省は小学校の教育目的については、一八八二年（明治十五年）の「示諭ノ事項」で「邦国ノ基礎ヲ固クシ其安寧ヲ保ツニアリ」とし、「人民ノ徳義ハ即チ国ノ徳義人民ノ智能ハ即チ国ノ智能」なりとして、教育理念の国体化を企図していた。そのうえで「智識ヲ伝播文明ヲ誘進スル」書籍館に対し、「注意慎重セサル」要件として、「蔵書ノ撰択」にも言及している。こうして、帝国憲法と教育勅語の重さが、じわりと不安をかき立てる状況のなかで、わが国の社会教育に関する初の単独法である図書館令（一八九九年〈明治三十二年〉）の公布をみる。教育県山口にとって、県立図書館設立の気運を高めるうえで、力強い味方を得た思いだったろう。県立山口図書館初代館長となる佐野友三郎（在任：一九〇三―二〇年）が着任したのは、その四年後である。

ここからは、そうした時代の趨勢のなかで、日本の図書館の道を指し示した県立山口図書館が「大きく方向転換し、国民教化、思想善導の施設へと傾斜していく[34]」過渡期を概観し、事件の背後に潜む教育行政の問題を探る。

ところで、図書館令が公布されたとはいえ、当時設立された公立図書館は全国でわずか三十二館にすぎない。ただ、五年後には九十九館、十年後には二百八十館になり、加速度的に一九二〇年代半ば（大正末期）まで増加していく。山口県では、佐野館長の図書館設置普及運動によって、一〇年ごろ（明治末期）には県内の図書館数は全国第一の六十七館に達した。[35] しだいに各地の図書館人の目を引くようになる。

たしかに、図書館令後の公立図書館数の伸展には目をみはるものがある。ことに日露戦争後は、国が高揚したナショナリズムを誘導し、国民の自発的な協力を仰ぐ体制づくりを始めたときだけに、増加の一途をたどった。そこでは、強力な官僚主導の「国民統合教化策」が実施されていた。明治以降の公立図書館史に詳しい永末十四雄によれば、その柱は次の三点に絞られる。[36] ①地方改良運動、②通俗教育、③小松原訓令である。ここは、筆者もその視座を借りて論を進めてみよう。

「地方改良運動」とは、「官庁のなかの官庁」と呼ばれた内務省を中心に推進された地方行・財政改革運動を指す。端的にいえば、報徳主義の二宮尊徳をシンボルに「日露戦争後の社会矛盾を克服するために政府が中心となって村づくり、国づくり、人づくりを行った運動[37]」のことである。

内務官僚は、地方改良運動の根幹をなすものとして図書館・巡回文庫の設置を進めた。そして、図書館や巡回文庫の機能的役割を教育活動の一環と位置づけて通俗教育政策に着手する。

もともと通俗教育は文部省の管掌事項として明示されていたが、とくに具体的な施策を打てないまま、明治中期から大正にかけて社会教育とは別に文部行政上の用語として使われている。それに対し内務省は、地方改良運動を展開していくうえで、学校教育以外の領域での教育的・啓発的性格をもつ図書館活動に着目し、国民教化に力を入れはじめたのである。

そもそも、文部省が教育政策上に「通俗教育」を位置づけたのは、文部大臣・小松原英太郎が大逆事件を契機に、「刻下の急務」として通俗教育調査委員会官制（一九一一年〔明治四十四年〕）を公布したときである。その委員会では、「通俗教育」を「国民道徳ヲ涵養シ健全ナル思想常識ヲ養成」するため「学校教育ノ施設以外ニ於テ国民一般ニ対シ通俗平易ノ方法ニ依リ教育ヲ行フモノ[38]」と規定している。前述の辻新次の図書館思想を彷彿とさせる。平たくいえば、学校教育をあまり受けていない青少年や社会人を対象に、わかりやすい一般教養を身につけてもらう教育である。これを境に、それまで漠然としていた「通俗教育」の概念が、急速に風俗改善、思想善導の国民統合教化策として影を落とす。その意図は、近代化社会の発展にともなう言論・出版の態様や次々に流入する新しい思潮の影響を内務省・文部省がコントロールすることにあったとみていいだろう。

この時期、言論・思想の取り締まりには、第二次桂太郎内閣の文部大臣・小松原英太郎と内務大臣・平田東助が深く関わっている。平田は内務省法制局長官を務めたことがあり、そのときの内務次官が小松原だったよしみもあり、二人は社会主義思想対策には万全の監視体制で臨んだ。

当時、与謝野晶子が「英太郎東助と云う大臣《だいじん》は文学を知らずあはれなるかな[39]」と皮肉交じりの歌を詠んで新聞に発表している。英太郎東助とは、もちろん小松原と平田のことである。相次ぐ出版物の発禁処分に、晶子はいたたまれず、腹立たしさから批判の矢を放ったのだろう。

それはさておき、県立山口図書館は、地方改良運動のなかでどのように関わってきたのか。開館十周年記念式の知事の告示では、その意図するところの国民教化がみごとに体現されているのがわかる。

山口図書館ハ通俗教育ヲ主タル目的トシ館内ニ於テ閲覧貸与ヲ許スノミナラス多数ノ巡回書

庫ヲ廻送シテ郡市町村ニ於ケル公私立ノ図書館其ノ他ヲ介シテ広ク地方民ニ閲読ノ便ヲ与ヘ且ツ傍ラ図書館協会ヲ組織シテ（略）以テ県内ノ図書館ハ実ニ一団トナリテ共ニ通俗教育ニ竭スト謂ツヘキナリ(40)

だからこそ、同館が「図書館のメッカ」と呼ばれるまでに発展してきたともいえる。評判が遠くまで及び、東宮殿下（のちの大正天皇）の行啓（一九〇八年〔明治四十一年〕）をみた。その光栄に館員一同恐縮している。

翌年十二月には、小松原英太郎が同館の視察に訪れている。表向きは、その年の秋、「本邦に於いて先例なき」地方の図書館協会が発足したのを受けてのことだが、前例がない文部大臣の山口入りだけにさまざまな臆測が流れた(41)。実際、後述する「図書館施設ニ関スル訓令」（以下、小松原訓令と表記）の「注意ヲ要スル事項」については、ほぼ山口図書館の運営、活動方針を踏まえたもので、コピーといってもおかしくないものだった。深慮遠謀をめぐらせての視察だったと考えて間違いないだろう。

付け加えるとすれば、このときの協議事項の一つ「通俗図書館ニ備付クヘキ標準書目の件」は、小松原にとっては大きな収穫をもたらした。彼は、通俗教育調査委員会を設置したものの、同委員会を中心とする全国的な組織網編成の構想は否決され実現しなかった。そのような折に、「標準書目」の作成を目にしたことは大いに参考になったはずである。なお、同書目は、「山口県町村図書館ニ備付クヘキ書籍標準目録」というタイトルに変えて一九一〇年（明治四十三年）六月に発行され、翌年の第二回山口県図書館協会総会で報告されている[42]。

文部省は、大逆事件を契機として、国民の思想善導に力を入れるようになった。そして、地方の実情に応じて「健全有益ノ図書ヲ選択スル」ための「大体の標準」を示す必要性を痛感し、『図書館書籍標準目録』の編纂にとりかかる。編纂委員には田中稲城、和田萬吉らのＪＬＡ幹部を任命しているが、先に視察に訪れた佐野友三郎も編纂委員として名を連ねている。文部省が佐野の運営手腕を高く評価したことがみてとれる。

ここまで、佐野館長就任前後の国の文教政策で図書館がどのように位置づけられたかを追ってきたが、そこから浮かび上がってくるのは、蔵書隠匿事件の核心をなす、「蔵書選択」に関わる教育理念の国体化だった。

ここで見落としてならないのが、文部大臣・牧野伸顕による一九〇六年（明治三十九年）の「学生生徒ノ風紀振粛ニ関スル件」（牧野訓令）である。この訓令は、学生らが当代の新しい思潮などに鋭敏で「風紀頽廃セル傾向」にあるのを憂慮して、次のように指示している。

「近時発刊ノ文書図画ヲ見ルニ或ハ危激ノ言論ヲ掲ケ或ハ厭世ノ思想ヲ説キ或ハ陋劣ノ情態ヲ描キ教育上有害」とみなされる図書については、学生らが「閲読」するときは「内容ヲ精査シ有益ト認ムルモノハ之ヲ勧奨スル」が、「苟モ不良ノ結果ヲ生スヘキ虞アルモノハ」は、「学校ノ内外ヲ問ハス厳ニ之ヲ禁遏スルノ方法ヲ取ラサルヘカラス[43]」（傍点は引用者）とある。「禁遏《きんあつ》」とは押さえ付けてとどめることであり、禁止を意味する。これは明らかに、文部大臣の認可によって設置された図書館の「蔵書選択」にあたっての行政指導である。戦後の教育行政でいえば「良書主義」というところか。

この訓令の目的は、国の文教政策の道徳的価値観に基づいて、「有益ト認ムルモノ」と「不良ノ結果ヲ生スヘキ虞アルモノ」を選別することにある。過去と現在を問わず、教育行政での図書館に対する指導としてはありうるだろうが、この訓令はかなり強制的といわざるをえない。つまり、それだけ政府は言論統制の政治的文脈を意識していたということだろう。


図書館に備付くる図書には、理想のものと現実のものとの二様あるべし。如何に善美なる図書を備付けたればとて、現実なる読衆の趣味と甚しく縣隔あるに於ては、到底、何等の用をも為すべからず。故に現実なる読衆の趣味を標準とし、之に先だつこと数歩なる図書を備へ、之に依りて読衆を誘致し、歩一歩、漸を以て理想的図書に接近せしめんことを努むべし。[44]（傍点は引用者）

先に、小松原英太郎が県立山口図書館を視察したことに触れたが、この引用は当時の同館の選書方針である。佐野友三郎が館報に書いたものだが、「現実なる読衆の趣味」を標準としていることに、文部大臣としては、ひそかな危惧を抱かざるをえなかったにちがいない。

その後文部省は慌ただしく、内務省の動きとともに図書館蔵書に対して国家風教上の影響少なからずとして監視の対象に加える。こうして図書館の取り締まりを強化することになる。

そして、小松原は図書館設立にあたって留意すべき事項を示す必要があるとみて訓令を発する。

それは、幸徳秋水ら無政府主義者・社会主義者が天皇暗殺を計画したとされる大逆事件発覚三カ月前のことである。すでに地方改良運動によって、通俗図書館設立の気運が熟成し、展開期にあった。それに応えた小松原文部大臣の訓令は、言論に倫理的規範を与えながら、かつ国民統合教化策として、その後の図書館史上に「思想善導」という消しがたい毒を浴びせる。日本の図書館が針路を転じたときでもあった。

図書館施設ニ関スル訓令

曩ニ図書館令ノ発布セラレシヨリ以来公立私立図書館ノ設置漸ク多キヲ加フルノ状アルハ洵ニ喜フヘキ現象ナリトス然レトモ此等図書館ノ内容ヲ観察スレハ往々施設未タ其ノ宜シキヲ得サルモノナキニアラス依テ茲ニ図書館ノ施設ニ関シ特ニ注意ヲ要スル事項ヲ掲ケ以テ大体ノ標準ヲ示サントス

図書館ノ施設ハ規模ノ大小ニ応シテ取捨斟酌宜シキヲ得サルヘカラス近時各地方ニ於テ設立セラル、通俗図書館又ハ小学校ニ附設スル図書館ノ類ハ施設其ノ宜シキヲ得ルトキハ小学校及家庭ノ教育ヲ裨補スル上ニ於テ其ノ効益尠少ニ非サルヘシ而シテ此ノ類ノ図書館ニ在テハ健全有益ノ図書ヲ選択スルコト最肝要ナリトス故ニ成ルヘク其ノ施設ヲ簡易ニシ主トシテ力ヲ有益ナル図書ノ蒐集ニ用ヒシメンコトヲ要ス若シ夫レ相当ノ資力ヲ有シ完全ナル図書館ヲ設立セントスルモノニ在リテハ地方ノ実況ニ応シテ成ルヘク此ノ標準ニ準拠シテ適当ノ施設ヲ為サシメ以テ十分ノ効果ヲ収メンコトヲ期セシムヘシ

右訓令ス
明治四十三年二月三日　　文部大臣　小松原英太郎(45)（傍点は引用者）

ことさら威圧的・高圧的でもないが、総じて新しい政治的・文学的風潮への対応を視野に入れながら、とくに注意を要する事項について、その標準を示している。訓令は「健全有益ノ図書ヲ選択スルコト最肝要ナリトス」と述べているが、これにはさらに「図書館設立ニ関スル注意事項」が付されている。この「注意事項」では、図書館は「一般公衆ノ読書趣味ヲ涵養シ其ノ風尚ヲ高メ其ノ智徳ヲ進ムルノ用ニ供スルモノ」であり、各種図書館はその目的に応じて「適当ニシテ有益ナル書籍ヲ選択蒐集センコトヲ要ス」とそれとなく規制している。なかでも「通俗図書館ニ在リテハ殊ニ然リ」とし、「殊ニ青年児童ノ閲覧ニ供スヘキ雑誌類ニ就キテハ十分取捨選択ニ注意シ最モ健全ニシテ有益ナルモノ」を選択することにしている。このようにして、青少年の読書に対する「選書の健全性」を唱導する。

永末十四雄は、『日本公共図書館の形成』のなかで、小松原訓令について次のような見方を示した。

思想統制の見地から図書選択を重視し、これを図書館経営の第一義的課題とするのは、自由民権運動の高揚の最中に発布された九鬼「示諭事項」の文脈をつぐものであり、文部省図書館政策の基調が変わらぬことを示すとともに、当時の国民教化の理念に照応したものといえる。(46)

たしかに、明治末期の歴史的状況を理解すれば、小松原訓令は当時の政策の帰結を示すとみることができるかもしれない。ただ、目を留めておきたいのは、後述する九鬼「示諭事項」の文脈をついでいるという指摘である。

小松原訓令発布の三カ月後、大逆事件が起きる。もともと、内務省警保局長などのキャリアをもつ小松原にとって、「在職中最も重大なる事件は幸徳傳次郎等の大逆無道の陰謀事件」だった。文政の責任者として「死罪余あり」と陛下に申し出たが、「慰留」の優旨《ゆうし》（やさしいおおせ）に、恐懼《きょうく》（恐れかしこまる）に堪えざるをえなかったという。[47] これを受けて彼と内務省との連携は相即不離にあり、両省の合議の結果として、遅まきながら、文部次官名で地方長官宛てに通牒が発せられた。内務省は社会主義に関する書籍の取り締まりを強化し、文部省は図書館への監視を強化することを知らせたのである。

要約すれば、近頃、公私立図書館の蔵書に、「往々にして矯激なる言論をなし若くは善良なる風俗を害するの虞あるものを散見する」だけでなく、ときとして「内務省に於て発売頒布を禁止したる図書を備え公衆の閲覧に供する」ところもあり、それらは、「国家風教上影響する処尠なからす」と憂慮する。とくに通俗図書館では、蔵書を点検し、該当するものがあれば、「一般公衆の閲覧に供せさる様致度又将来図書を蒐集するに当りても右の方針により」よろしく取り計らうよう要請するものである。[48]

さらに、その秋、小松原は第五回ＪＬＡ総会および全国図書館大会（十一月）に寄せた祝辞（代読）のなかで、「図書館カ常ニ図書ノ選択ヲ慎重ニシ健全有益ナル各種ノ図書ヲ網羅シ供給シテ社会教育上ニ多大ノ貢献ヲ致サンコト是亦切ニ諸君ノ留意ヲ冀フ所ナリ」[49]とたっての「希望」を述べている。

翌年三月には、山口県図書館協会総会（於県立山口図書館）の祝辞（代読）で、ほかならぬ「図書の選択」について、また「希望を一言す」と申し添えている。

通俗図書館は学校教育を補充拡張するに於て其効果の大なること言を俟たず然れども図書の選択其宜しきを得ざるときは啻に其効果を減殺するのみならず或は反て公害を醸すの虞なしとせず若し図書館の図書にして卑猥の事項を叙述し若くは矯激の思想を鼓吹するが如きものあらんか一帙一巻の微と雖青年子弟を蠹毒すること実に測るべからざるものあらんとす今や図書の新刊せらるゝもの啻に汗牛充棟のみならず而して不健全の文字を含有するもの亦往々あるを見るは本大臣の遺憾とする所なり将来図書館に於て図書を購入し若くは其寄贈を受くるに当りては善く其内容を査覈し苟も教育上有害の虞あるものは之を排除し成るべく良書を蒐集し以て図書館の効果をして益々偉大ならしめんことを期せざるべからず本大臣は諸子が今日の時勢に鑑み特に此点に関して周密の注意を為さんこと切望して止まさるなり

茲に山口県図書館協会総会の開会を祝し併せて希望を一言す[50]（傍点は引用者）

いくら大逆事件後とはいえ、文部大臣が一地方の県図書館協会総会の祝辞にかこつけて、「図書の選択」にまで「希望を一言す」というのは、よほど危機感があったにちがいない。それ以外にも、なにか政治的な意図があったのではないかとの臆測が絶えない。小松原にしてみれば、県立山口図書館の蔵書はよほど腹に据えかねたのだろう。総会会場が大逆事件直前に視察した県立山口図書館だったから、小松原は当然ながら、佐野館長の「現実なる読衆の趣味を標準」とする選書方針に思い至ったはずである。もっぱら警戒と危惧の対象である「教育上有害の虞ある」「図書の選択」については、地方官僚を介して、手段を尽くし立ち入って「希望」を述べておく必要があったのだろう。

このように文部省の意向をくみ、地方の図書館は「希望」に応えるために、ますます「蔵書選択」にまつわる現実的な葛藤を引き受けざるをえなくなる。

佐野館長は、晩年の「通俗図書館の経営」のなかで「選択の標準」について、「図書館の資力、土地の状況、読者の種類、知識の程度を標準」とし、「日常生活に必須の参考書、風教に裨益あるもの、一般公衆の読書趣味を促進するに適するもの、家庭の読み物として適切のもの、地方産業の発達を促進する」ものなど、その標準を定めること「必ずしも難事にあらざれども」、実際現場に臨み「箇々の書籍」を「選択するは決して容易にあらずと知るべし[51]」と外圧の存在をにおわせている。

こうして、日本近代社会の嵐のような進展のなかで、国民教化の基盤としての図書館を客体化した佐野館長が「なにごともいはで散りけり梨の花」の辞世句に込めた思いは、この時代がもつ「負」の側面を突いている気がする。

佐野友三郎亡きあと、二代目の館長を務めたのは厨川肇（在任：一九二一―四〇年）である。厨川館長は佐野の図書館運営方針を引き継いだが、在任中、皇太子成婚記念事業として『皇室・国体・国民性・国民道徳ニ関スル図書目録』（一九二四年〔大正十三年〕）を作成している。また、東宮本県行啓記念事業として新館を建て（一九二八年〔昭和三年〕）、館名を「行啓記念山口県立山口図書館」と改称した。一九三三年（昭和八年）には、改正図書館令にともない県立山口図書館は、「山口県中央図書館」として指定認可される。

同年十一月、創立三十周年記念内祝いには文部省社会教育局長が列席した。あわせて第三代館長の長府高等女学校長・田中真治を迎えての県図書館大会では、県の諮問「時局ノ要求ト本県ノ実状ニ鑑ミ図書館ノ活動ヲ一層盛ナラシムル方策如何」について県内の各図書館間で協議し答申している。

斯の非常時局に対処すべき急務多々ありと雖も一層図書館の機能を発揮して一般国民の読書修養を進むることにより内外の情勢に通ぜしめて国民的自覚の深からしめ新体制に即応して大政翼賛職域奉公に邁進するの理念と能力を培ひ文化の水準を高めて世界の指導者たるの資質を養ふが如き亦洵に緊要事の一なりとす(52)

さらに翌年には、時局の推移に鑑みて、「図書館ノ新使命達成ニ関スル」県指示の告示があり、「国体明徴、時局認識、職域奉公、科学的修練、体位向上、生産拡充等ニ関スル図書ノ充実整備ニ努ムルコト」などが掲げられる。県立山口図書館は、「現在の時局に利用しがたい図書」について積極的に処分をおこない、約三万冊を廃棄する。[53]

以後も「図書館のメッカ」たる栄光の陰で、県図書館協会長に「県学務部長が推戴される官製ぶりで、国家総動員を思わせる」状況下、館内に会員制の産報文庫を設置し、「決戦産業に挺身する勤労青年の教養に資する」ことを目指している。県官僚による図書館への介入は、否応なくその後の図書館の保守的体質の肥大化を招いた。このようにして、戦時下の図書館の冬の時代が転がりはじめる。[54]

蔵書隠匿事件の五年後の一九七八年、ＮＨＫが「全国県民意識調査」を実施している。その調査結果によれば、「山口は、全国でもっとも伝統的な価値観が暮らしの中に生きている県だといえる。特に目立つのは天皇や国、役所についての考え方、あるいは古くからのしきたりに対する態度で、明治維新の長州藩の活躍に誇りを感じる人も、ことに年配の人には多い」という。

Ｑ天皇は尊敬すべき存在だ……山口県七〇・八％（一位）　全国平均五五・七％

Ｑ国や役所のやることには、従っておいた方がよい……山口県五八・三％（二位）　全国平均四五・五％

Ｑ多少自分の考えに合わなくてもみんなの意見に合わせたい……山口県八二・四％（一位）　全国平均七二・七％[55]

このほか、山口県独自の問いで、「維新当時の長州藩の活躍を今でも誇りにしている」人が県民全体の五七％にのぼり、五十代半ば以上の男性に限れば実に八四％に達している。

ここまで、明治から敗戦に至るまでの県立山口図書館の歩みをたどってきた。時代の流れに身を委ねながら、ときには「図書館のメッカ」とか「教育県山口」と呼ばれ脚光を浴びる時期もあったが、その裏では、いささか政治的すぎる県教育行政の舞台となってきたことがみてとれる。

なにも山口県だけに限ったことではない。どの自治体の図書館であっても起こりうることである。蔵書隠匿事件とは、まさにそういう山口県の光と影が織りなした現象だといえるだろう。

時代の波というのはおそろしいものである。事件当時、衝撃的だった蔵書の隠蔽も現在では時勢の波にのまれ、危機感が色あせてしまっている。しかし、佐野友三郎の時代があり、その思想的伝統を受け継いできたはずの専門職が「図書館の中立性」や「公序良俗」の「モノサシ」で本を抜き取って隠した事実を忘れ去ってはならない。

次は、あらためて、その「モノサシ」がもつ意味の重さを問うことにする。

5　「中立性」と「公序良俗」

ここまで、蔵書隠匿事件のあらましと、その根底に横たわる山口県の思想的伝統をあぶり出してきたが、そうした内部事情のほかに見落としてはならない論点について、もう少し検証しておく必要がある。

それは、担当課長が開架書架から本を抜き取る判断をしたときに用いた「図書館の中立性」と「公序良俗」という「モノサシ」の問題である。新聞報道などでは、課長の一人が「私だけが悪者になるのか」と発言したと書かれているが、蔵書を隠すという行為は、しばしばおこなわれるものではないし、誰にでもできるわけではない。しかもやり直しがきかないと考えれば、組織ぐるみの暗黙の了解のもとで、担当課長が機能的責任を負うことになったと考えられる。それは、行政組織の原則である。また、たとえ権限上位者の指示があったとしても、本を抜き取ったのは課長自身であり、「モノサシ」が物理的に使われたわけではないから、課長自身は自らが内包する倫理観のありようを自覚せざるをえない。

その「モノサシ」の一つ「図書館の中立性」だが、この中立性をめぐっては、事件後こそさまざまな視点や立場から論議され、その概念も収斂してきているようにもみえたが、いまだ明確な概念規定には至っていない。そもそも、「図書館の中立性」が注目されたのは、「自由宣言」成立以前の一九五〇年代前半のことである。日本の再軍備、破壊活動防止法施行などが問題になり、戦前への後戻りを危惧する「逆コース」史観が渦巻いているとき、当時のＪＬＡ事務局長・有山崧が状況を踏まえて図書館の立場に言及したことからクローズアップされた。

図書館が本当に information center として、客観的に資料を提供することを以てその本質とするならば、図書館は一切の政治や思想から中立であるべきである。

この中立性を破って直接政治や思想の問題に口を出すことは、それ自身図書館の中立性の自己侵犯で自殺行為である[56]。

ここには、政治的にもイデオロギー的にも独立した立場から、資料提供の動機や目的について「図書館の中立性」を説いてやまない、有山の断ちがたい思いが述べられている。それはとりもなおさず図書館員に負わされた職業的使命感を問うものだった。ただ、当時は、「政治的中立」という概念が独り歩きし、直面する事態に消極的ではないかという批判もあった。しかし、この発言の重さはいまもなお変わることはないだろう。

この有山の発言を受けて、『図書館雑誌』編集部が「図書館と中立について」というテーマで誌上討論を提案した。こうしてJLA会員にとってそれは身近な問題になった。もっとも、このころの教育界では、いち早く「逆コース」の風潮に鑑み、偏向教育に憂慮した政府が教育二法の一部を改正し、「教育の中立」とは「政治的中立」であると定めている。国会で激しく議論されたが、公権力による教育内容への干渉や教育委員会の任務への介入を可能にする結果になり、禍根を残した[57]。それだけに、図書館界の誌上討論「図書館の抵抗線・中立についての意見」には会員の大きな関心と意見が寄せられ、図書館（員）が何に対して、どのように中立であるべきか、その考え方をめぐって激しい論議が交わされた。いわゆる「中立性論争」である[58]。

だが、せっかくの討論も「図書館の抵抗線」として取り扱われたせいなのか、イデオロギー過剰な抽象論が目立ち、編集部が意図した論争までには発展していない。この点について、国立国会図書館の斎藤毅は「当面課題として論ぜられるには、日本の図書館は、全体としては」時期尚早ではないかとしながらも、「見送ることも正しくない」といい、「図書館の中立性ということを、図書館サービスの本質から明らかにしておく義務」があるという。そして、アメリカ議会図書館の「いかなるイデオロギーにもサービスし、また、いかなるイデオロギーの形成にも貢献しているが、いかなるイデオロギーにも左右されることがない[59]」という考え方が、各国では支配的になりつつあるとする。

そこで、ＪＬＡは、「図書館の中立性」を守るために倫理綱領としての「図書館憲章」制定（案）を定期総会に提案し、出席者百四十九人のうち、賛成九十二人（六一・七％）、反対五十七人（三八・三％）で可決している。この動きについては、「東京新聞」一九五三年六月十九日付、「日本読書新聞」一九五三年六月八日付などが大きく報じている。

次いで、有山は、全国図書館大会目前に「火中の栗をいかにすべきか」と題した一文を発表する。「図書館の中立とは飽くまで資料に関することである。すなわち資料の収集の自由とその提供の自由が中立の内容をなすものであ」り、図書館は、中立性が侵されないかぎり、「羊の如く温和で謙虚な」サービス機関であるとする。しかし、中立性が危なくなれば、「職域的生命をかけても敢然と立上がって猛虎と化す」だろうと決意を固める。そこには、戦前に逆戻りするような風潮が急速に広がるのにともなって、「図書館の中立」への侵害がしだいに深刻になるであろうと予見する危機感がある。「蟷螂の斧」とか「独り相撲」と批判する現実主義者の声もあったが、それでも有山は「火中の栗を拾う」ことを提唱したのである。[60]

こうして、一九五四年度の全国図書館大会総会に「図書館の自由に関する宣言」（案）が提案される。有山によれば、前年の総会で決議された「憲章」（案）とは異なり「宣言」としたのは、憲章という言葉がいろいろな意味に解されやすいからだという。また、内容的には、「図書館の中立に関する宣言」としてもよかったかもしれないが、「中立」という言葉が曖昧で、どっちつかずになるのを避けたという。

> 基本的人権の一つとして、「知る自由」をもつ民衆に、資料と施設を提供することは、図書館のもっとも重要な任務である。
> 図書館のこのような任務を果すため、我々図書館人は次のことを確認し実践する。
> 1　図書館は資料収集の自由を有する。
> 2　図書館は資料提供の自由を有する。
> 3　図書館はすべての不当な検閲に反対する。
> 図書館の自由が侵される時、我々は団結して、あくまで自由を守る。[61]（傍点は引用者）

なお、副文は採択されなかったが、提出原案には、主文1の副文（一）「図書館は民衆の「知る自由」に奉仕する機関であるから、民衆のいろいろの求めに応じられるように出来るかぎり広く偏らずに資料を収集しておく必要がある。ここに資料に関する図書館の中立性の原則が存する」がある。そして、主文2の副文には（一）「中立の立場で自由に収集された資料は、原則として、何ら制限することなく自由に民衆の利用に提供されるべきである」とあり、そのうえで、主文3の副文に（二）「このような資料の一方的立場による制限は、資料の収集と提供の自由を本質として有する図書館の中立性の前提をおびやかすものであるが故に反対する」[62]とある。これらの副文が採択されなかったことからは、誌上討論で「政治的中立」のあり方をめぐって争点が生じたために、「図書館の中立」の原則の意義と特質を確定できないまま、「中立性」の曖昧さを温存してしまったことがみてとれる。

このあと、「自由宣言」は、蔵書隠匿事件が発生するまでは、単なる理念の表明にとどまっていた。「図書館の自由」を侵害するような事件があまり顕在化しなかったので、「いわば冬眠状態に入って」[63]いたといえる。事実、「中立性論争」から誕生した「自由宣言」は、現実の組織的活動のなかでは、いつのまにか、ありきたりな言葉になり、実践それ自体との結び付きを失って、待合室のポスターが剝がれるように忘れ去られてしまっていた。そのため、「好ましくない本」を書架から引き抜いた理由として、「特定の政党や思想、宗教などイデオロギーの偏ったもの」や「図書館の中立性を欠いた」本を排除しようとしたという本音を課長が吐いても、館界の反応は鈍く、いっとき思考停止に陥った。

そうかといって、誰もみな思考停止していたわけではない。事件の数年前、すでにその事態を予見していた図書館員がいた。伊藤峻はこう述べている。

日常の本の選択の仕事の中で、特定の図書に対し、「中立」を理由に圧力がかかることは、ままあることだし、選択者の自己規制は、ほとんど無意識のうちにすら、はたらいていることが多い。図書館における自己規制は、住民の側からすれば、自己のとれた「規制」にほかならない。(64)

つまり、「自由宣言」が採択されていたとはいえ、図書館の蔵書を特定の「モノサシ」で選択することは、当時の一般的な空気でいえば「ままあること」で、選択者は「ほとんど無意識」のうちに「規制」をはたらいている。それは市民の「知りたい」という要求を無視ないし軽視することであり、選択者の意図はどうであれ、結果的に「知る自由」を侵害し、ひいては「図書館の原則」を危険にさらすことになった。

したがって、蔵書隠匿事件直後に開かれた第二十回図書館問題研究会全国大会では、「第六分科会：資料要求に確実に早くこたえるために」「第七分科会：公共図書館とはなにか」で「中立性」や「自己規制」などが取り上げられている。これらの分科会からは「単なる山口県立への非難ではなく、皆で反省しなければならない問題であるという事を、〔決議に〕もりこむように」(第六分科会)、「山口でおこった事件はたしかにショッキングだけれども、そのことが他の図書館では自己規制となってあらわれているところも多く決して偶発的な事件ではないことが論議された」(第七分科会)などの報告がされた。それを受けて、かつての宣言を遠い過去のものとしないために、図書館問題研究会全国大会は特別決議を採択した。

山口県立図書館図書封印事件にあたって「図書館の自由宣言」を守る決議

さきの新聞報道にも見られるように、山口県立図書館において、数十冊に及ぶ図書が偏向図書としてしまいこまれ、利用者の要求にも答えなくされていたという事実が、明らかになりました。

このことは貸出しをのばす運動をすすめる中で、住民の学習要求には必ずこたえるという「予約制度」を重視するまでになった、今日のわたしたちの運動と、まったく逆行するものです。

わたしたち第二十回図問研大会に参集したものは、この事件に大きな衝撃を受け、その真相と背景を追求するため、特別の集会を設けて討議を重ねてきました。

この事件には、図書館の中立性に対するあきらかな認識があり、こうした事件を生みだす体質は、たんに山口県立のみならず、全国の図書館においても、まだまだ底流として存在することに強い緊張をおぼえ、深く反省せざるを得ません。

わたしたちは、このような認識の上にたって、「図書館の自由に関する宣言」をあらためて想起するとともに、図書館を支える住民と連帯して、その実践に努めることを決意します。

右　大会の名において決議します。

一九七三年九月十七日

第二十回図書館問題研究会全国大会[65]

この決議文は、蔵書隠匿事件の背景に「偏向図書」という「図書館の中立性」に対する「あきらかな認識」があると述べている。そしてその認識は図書館界でも、「まだまだ底流として存在」していることを物語っている。

ついでにいえば、このころ出版界で活躍していた美作太郎の「なにしろ書物の「中立性」を判定できると自負する図書館人があらわれたのだから[66]」という批判に耳を傾ける読者が多かったが、筆者は、事件が発生するまで「自由宣言」のぎこちない沈黙を揶揄されたような気分だった。

同時代に比較的早く図書館を社会的機関と位置づけ、「表現の自由」と「知る権利」の双方の立場から中立性を論じていた山下信庸は、『図書館の自由と中立性』のなかで、独自の見解を述べている。「図書館の中立性」とは、図書館機能の本質をいうのであって、図書館は断じて「真理を決定する機関ではない」とする。それは「偏りのない資料収集を行い、偏りなく利用者に提供すること」を目的とするもので、「人間の最も人間らしい在り方」を発展させるためのいわば「土俵」だという[67]。

それでは、蔵書隠匿事件を契機に設置された「図書館の自由に関する調査委員会」は、どのように検証しているのだろうか。調査委員会は、この事例が、「図書館界にとって、「宣言」が単なる理念の表明にとどまっていたことをあらためてクローズアップ」し、さらに、「七九年の改訂に至る一連の動きに多大の影響を与えた」とする。そして、一九七九年改訂「自由宣言」で採択された副文を踏まえて、この事件が「自由宣言」の理念に反するものであり、主文第二「図書館は資料提供の自由を有する」の第一項、第二項に関わる典型的な事例であるとみなす。念のため、採択された副文の該当箇所を引用しておこう。

第１項　国民の知る自由を保障するため、すべての図書館資料は、原則として国民の自由な利用に供されるべきである。

図書館は、正当な理由がないかぎり、ある種の資料を特別扱いしたり、資料の内容に手を加えたり、書架から撤去したり、廃棄したりはしない。

第２項　図書館は、将来にわたる利用に備えるため、資料を保存する責任を負う。図書館の保存する資料は、一時的な社会的要請、個人・組織・団体からの圧力や干渉によって廃棄されることはない。(68)

それにつけても、「図書館の中立性」を、「図書館・図書館員」の「政治的中立」と混同するような意見・議論も多々みられる。概念規定があるようでないので合意形成が難しい。

もとより、「自由宣言」成立のときから曖昧な概念のままで、時代の揺らぎのなかでは、微妙に立場をおもんぱかって解説し、さまざまな見解が述べられてきている。その結果が蔵書隠匿事件を招いたといっても過言ではないだろう。ＪＬＡでさえ、五四年採択から現在まで、「図書館の自由」あるいは「知る自由」の原則に関わるような事態に直面しても、いつも「中立性か唱導性か」

の激論を交わすだけで消耗している。その結果、それぞれの図書館・図書館員が社会的責任を負うべきとする自己責任論で、問題の解決を図ろうとしてきたきらいがある。

「唱導性」とは、図書館や図書館団体などが直面する政治的・社会的状況に対して、先立って見解や声明を出したり、ある立場を支持したりすることを指す。「中立性論争」では戦前の図書館のあり方をめぐって「唱導性」に対して批判的な意見が支配的だった。戦後も、現実問題として、一九七九年改訂「自由宣言」以降も、「中立性か唱導性か」で論議が分かれている。

かつて、前川恒雄は、「図書館は正統とともに異端を、味方とともに敵を、薬とともに毒を含んだあらゆる資料を持つべきである」といった。ここで述べられている「中立性の原則」こそが、民主主義を守り育て、「知る自由」を保障していくことになるのではないか[69]。

では、もう一つの「モノサシ」である「公序良俗」についてみていこう。「公序良俗」は日常語ではない。一般には、「公の秩序と善良の風俗」という理念を略したものと理解されてはいるが、読者にとっては、わかったようでわからない法的用語の一つだろう。

関西発『探偵！ナイトスクープ』（朝日放送テレビ）という娯楽番組をご存じだろうか。そのオープニングに「公序良俗と安寧秩序を守るべく、この世のあらゆる事どもを徹底的に追求する」というテロップと音声が流れる。視聴者が限られているだろうから、気にすることもないだろうが……。ただ、筆者のようなひねくれ者は、「公序良俗」「安寧秩序」という「自由」を規制するような歴史的概念をちゃかすように列挙されると、少なからず違和感を覚える。いずれにしても、「公序良俗」は、法律の解釈、適用に際しては一つの基準である。「公序良俗」と「安寧秩序」の両者はほぼ同義ととらえられる。

それでは、「公序良俗」の概念について、いま少し踏み込んでみよう。法律的には、「公の秩序」は国家・社会の一般的公益を、「善良の風俗」は社会の一般的倫理・道徳観をそれぞれ意味する法の一般原則である。これらは法体系全体を支配する理念になっている。したがって、「公序良俗」の概念は、そのときの社会的妥当性（＝社会性）に基づく価値判断そのものにならざるをえない。そのため、「公序良俗」には、形式的・抽象的な定義しか与えられていない。実際、どのような行為が「公序良俗」違反にあたるかは、法の支配者の幅広い裁量に委ねられるので、時代や価値観、解釈によって限りなく多様になるから、やっかいである。つまり、「特定の政党や思想、宗教など偏った書籍」の貸出は「好ましくない」という渡辺課長の「公序良俗の原則」（＝社会性、価値観）は個人の自由な意思表示であって、責められるべきものではない。

だが、開架書架から「偏った書籍」を抜き取って隠した行為は、明らかに県教育行政体制への徹底的な従属を前提としているから、図書館としては、制度的には単なる過失であって、管理体制の強化を図ることで当面の課題として、あえて個人の恣意性は問わなかった。別の言い方をすれば、権限上位者から叱責や処罰があるかもしれないが、ないかもしれない、ということである。県議会での教育長の答弁がそれを物語っているといえるだろう。

「公序良俗の原則も法律制度の一つとして、一定の制度メカニズムに依存しつつ法秩序の統制の機能を営んでいる」と指摘する松本暉男は、こうも断言している。「「公序良俗の原則」の機能は、そのタテマエ論理が、その社会において、主として裁判を通じて具体的にどのように実現されるかという事実問題であり、運用者たる裁判官が如何なる「公序良俗」観念を基準にして運用するかというメカニズムの問題である」[70]と。

それでは、「公序良俗」という法律概念は、いつごろから存在していたのだろうか。

松本によれば、明治中期にフランス民法などの規定にならって「公序及び良俗」概念を採用したものだという。民法（一八九六年〔明治二十九年〕）第九十条によって、「公序良俗の原則」はわが国の法制上、最も具体的かつ直接的に「公の秩序又は善良の風俗に反する法律行為は、無効とする」と規定されている。明治中期といえば、前述したように、帝国憲法が制定され教育勅語が発布されるなど、近代日本国家体制が成立した時期でもある。

大日本帝国憲法

第一章　天皇

第三条　天皇ハ神聖ニシテ侵スヘカラス

第六条　天皇ハ法律ヲ裁可シ其ノ公布及執行ヲ命ス

第九条　天皇ハ法律ヲ執行スル為ニ又ハ公共ノ安寧秩序ヲ保持シ及臣民ノ幸福ヲ増進スル為ニ必要ナル命令ヲ発シ又ハ発セシム但シ命令ヲ以テ法律ヲ変更スルコトヲ得ス

第二章　臣民権利義務

第十八条　日本臣民タル要件ハ法律ノ定ムル所ニ依ル

第二十九条　日本臣民ハ法律ノ範囲内ニ於テ言論著作印行集会及結社ノ自由ヲ有ス

この条文にみる「安寧秩序」（国家・社会などが穏やかで乱れないこと）は、民法第九十条の「公序良俗」の概念とほぼ同義と考えていいだろう。

ということは、この明治中期に憲法と民法に登場した「安寧秩序」「公序良俗」の概念は、臣民（国民）の権利はもとより、言論・出版、集会などの個人の自由を法律の範囲内で認めるかどうかの、いわば価値判断の「モノサシ」として機能していたことになる。

おそらく、渡辺課長の意識の底には、書籍における「安寧秩序」の検閲概念よりも、自らが帰属する山口県の政治的風土としての社会性＝「公序良俗」の概念にしばられる何らかの要因があったにちがいない。

ところで、「公序良俗」と同義語とされる「安寧秩序」の概念はいつごろから存在したのだろうか。学制公布以降、近代日本の公教育政策は、第二次教育令体制下の「文部省示諭」をもって一つの原型とされる。

それは、新教育令体制での教育の基本原理について、具体的な分野や事項に即して、体系的に解き明かしたもので、文部省の公式ガイドブックといわれる。(71) 一八八二年（明治十五年）十二月に文部省は府県の学務課長・学校長を招集して学事の諮問をした。このとき、文部卿代理として九鬼隆一文部少輔（のちの文部次官）が、各種学校その他の教育施設に対し参考になるべき事項を訓示したのだが、「文部省示諭」はそのときの配布資料である。(72)

「示諭ノ事項」は、大きく十三の柱に分かれている。その一つに「書籍館等」の項目がある。九鬼は、「示諭」の意義を論じ、「今や教育令の旨趣既に固定し当省施設の方法礎を成して動かす故に府県に於ては一に其意を承け其方向を同ふし毫も遅疑する所なからんことを欲す」[73]と国の文教政策に府県当局が心を一つにして同調することを強く求めている。また「示諭ノ事項」には、書籍館（図書館）を設置するにあたって注意し慎重にすべきことは、「蔵書ノ選択」であり、「実ニ要件中ノ最要件ニ係レリ」と訓示。「安寧秩序」の概念は、そこで言及されている。

以下は、わが国の公立図書館での蔵書選択に影響を与えている「示諭ノ事項」である。

夫レ書籍ハ人ノ思想ヲ伝播スル所ノ最大媒介タリ而シテ其効用ノ無比ナルハ固ヨリ言ヲ待タスト雖モ然レトモ其伝播スル所ノ効力ハ固ヨリ其思想ノ善悪邪正ニ由テ異ナルキアラサルヲ以テ善良ノ書籍ハ乃チ善良ノ思想ヲ伝播シ不良ノ書籍ハ乃チ不良ノ思想ヲ伝播スレハ則チ其不良ナルモノヲ排棄シ而シテ其善良ナルモノヲ採用スルヲ要スルナリ其学校生徒庶民等ノ為メニ設ル所ノ書籍館ニ準備スル書籍ニ至テハ殊ニ然リトナスナリ尽シ善良ノ書ハ読者ノ徳性ヲ涵養シ其善良ノ智識ヲ啓発シ其愛国ノ誠心ヲ誘起シ親族社会ノ交際ヲシテ寛和敦厚ナラシムル如キ其効益タル最モ著大ナリト謂フヘシ之ニ反シテ不良ノ書ハ読者ノ心情ヲ攪擾シ之ヲシテ邪径ニ誘陥シ遂ニ小ニシテハ身家ノ滅亡ヲ招致シ大ニシテハ邦国ノ安寧ヲ妨害シ風俗ヲ紊乱スルカ如キ其流弊タル実ニ至大ナリト謂フヘキナリ[74]（傍点は引用者）

要するに、「善良ノ書籍ハ乃チ善良ノ思想」を伝播し、「不良ノ書籍ハ乃チ不良ノ思想」を伝播するので、「不良ナルモノ」を排棄し、「善良ナルモノ」を採用することが肝心だというのである。さらに、「不良ノ書」は、「読者ノ心情ヲ攪擾《かくじょう》シ」（読者の心をかき乱し）、「邪径ニ誘陥シ」（正しくない道に誘い込み）、「遂ニ小ニシテハ身家ノ滅亡ヲ招致シ」（しまいには身代を潰し）、ひいては「邦国ノ安寧ヲ妨害シ風俗ヲ紊乱スル」（わが国の平穏な社会を混乱させ、俗悪な絵画や写真などにうつつを抜かさせる）ことにならないように取り締まるという。これは、蔵書隠匿事件で発動した排除の論理を支える「モノサシ」の原型であるとみていい。

このように、明治中期の「公序良俗」や「安寧秩序」の概念は、教育の国家的基本原理として、市町村立図書館での「蔵書選択」の「モノサシ」になっていったといえる。

繰り返しになるが、「示論ノ事項」の書籍館（図書館）に関する事項は、あくまでも国民教化の手段として、文部省が政府の方針を踏まえて基本原理をはっきりさせたものである。文部省は、図書館に対し、学校教育を補完するものとして、「善良の思想」を広く伝える「蔵書選択」をおこない、通俗的な図書の「不良の思想」を取り締まるよう求める方針を明らかにした。その基本原理は、現在の教育行政でも変わっていない。

永末十四雄によれば、一八九〇年前後（明治二十年代）から一九〇〇年前後（明治三十年代）にかけての書籍館・図書館文化に対する体制側の対応は、多かれ少なかれ、この「示論ノ事項」の理念の踏襲だという[75]。

もとより明治政府は、言論・思想統制の法体系を網の目のように張り巡らしている。自由民権運動の高揚と政治論議の激化に対し、讒謗律《ざんぼうりつ》（一八七五年〔明治八年〕）と同日布告の新聞紙条例によって言論弾圧を加えた。さらに、明治中期には、出版条例を継承した出版法（一八九三年〔明治二十六年〕）を公布し、「安寧秩序ヲ妨害シ、又ハ風俗ヲ壊乱スルモノト認ムル文書図画ヲ出版シタルトキハ、内務大臣ニ於テ、其ノ発売頒布ヲ禁シ、其ノ印本ヲ差押フルコトヲ得」（第十九条）（傍点は引用者）と厳罰化し、以後、漠然とした基準で、敗戦時まで体制批判を封じていくのである。

こうした明治政府の「言論・出版の自由」に対する統制は、政治的権力あるいは社会的権威といわれる公権力による発売禁止（事前検閲）として進められていく。文部省の「示諭ノ事項」や小松原訓令は、まさに公権力による「蔵書ノ選択」に対する規制となり、いわば体制的な選書の制限基準として正当化されていった。

いうまでもなく、「安寧ヲ妨害シ風俗ヲ紊乱スルカ如キ」という「安寧」と「風俗」の意味するところは、一般的には「公共の安寧秩序」や「公序良俗」という抽象的概念と同じで、現行憲法の基本的人権の制約に関わる「公共の福祉」の原理のようにとらえられる。いうなれば、「示諭ノ事項」の「邦国ノ安寧ヲ妨害シ風俗ヲ紊乱スルカ如キ」という善悪の判断基準は、その後の日本の公立図書館で、「蔵書選択」の制約基準の中核をなすものとして、隠然たる勢力をもつに至ったということではないか。そしてそれは、疑いもなく、「不当でない検閲」という「自主規制」の原型だった。そればかりか、日本近代図書館史のなかで、「蔵書選択」に対する理不尽な検閲を拡大する役割を果たしていたといえる。

ともあれ、蔵書隠匿事件の底に流れているものは、小松原訓令や「示諭ノ事項」にみる近代文教政策に基づく道徳的制限基準による「排除の論理」である。それは、戦後の公立図書館の選書方針にも、暗黙のうちにしかも絶えることなく受け継がれている思想である。

とくに、山口県は保守王国と呼ばれ、県政はいつも国家権力に直結していた構造的体質である。それゆえに、教育行政も必然的に政治的にならざるをえず、県立図書館などは神経をとがらさずにはいられない。戦後、図書館法が成立以降も、地方行政機構のなかで、図書館がどのように位置づけられてきたかといえば、与えられている地位は必ずしも居心地がいいとはいえない。もちろん、それぞれの図書館の立地条件や公務員である図書館員の職階制のあり方が絡んでくるので、一概にはいえないが、県立山口図書館も例外ではなかった。

だが、このような構造的体質は、どの自治体も政治的な意味合いを帯びることによって、一般的な規則のもとに包摂する判断能力を身につけているので、たいていの事件は覆い隠されてしまう。今回の蔵書隠匿事件は、たまたま内部告発があったから発覚したまでで、恣意的な資料提供制限の氷山の一角にすぎない。実際、これ以降も表面化した資料提供制限はあとを絶たない。それほど、公立図書館の「蔵書の選択」の際にはたらく「不当でない検閲」のメカニズムは、根強く存在している。ただ、蔵書隠匿事件が発覚するまでは、誰も気にも留めなかったのである。おそらく、整備、参考課長とも「反公序良俗」「非中立」の価値基準によって、書架から「好ましくない本」を選別したことには、何らやましさを覚えていなかっただろう。まして、そのことが恣意的な自主規制にあたるとして非難されようとは思いもよらなかったのではないか。

それにしても、「自由宣言」の成立に関わり、紛糾した討議に緊急動議を発して「原案」を修正し採決に導いたのが、ほかならぬ県立山口図書館の鈴木賢祐館長（在任：一九五〇—五九年）だったのは、なんという歴史の皮肉だろうか。鈴木は、図書館は「抵抗する組織も力も弱い」が、「討議しておるこの事実が、図書館の自由を守る行動ではないか」と参加者を説いて、委員会を設置し、「主文・副文の不十分な点を討議し、どうしたら効果的に行くかということを考えたらいい」として、「宣言は必要ではないか[76]」と締めくくっている。もっとも、その気骨ある鈴木賢祐も事件が発覚したときにはすでに鬼籍の人となっているから、明るみに出た管理職の「図書館の中立性」や「公序良俗」という「モノサシ」については知る由もない。それだけに、「自由宣言」の採択と実践を託された若い彼らが、鈴木の危機感に思い至っていたなら、少なくとも、ここまでこじれることにはならなかっただろう。ましてや、社会の非難を浴びることもなかったにちがいない。

6 「不当でない検閲」と「自主規制という名の検閲」

この事件は、「現代日本図書館史のなかの最大の争点のひとつである」と誰よりも早く指摘したのは、図書館学者の河井弘志だった。河井は、県立山口図書館に向けられた県内外の意見・抗議に戦後日本の図書館状況のすべてが反映されているとし、その思想的流れを検証したうえで、図書を抜き取って封印するという行為は、「圧力のためであれ、自己規制であれ、「検閲」と「図書選択」の境界に位する厳しい問題[77]」であるという認識を示す。

思い返してみれば、一九五四年「自由宣言」の提出原案をめぐる論議のなかで、必ずしも明確になっていなかったのが、主文第三項の取り扱いである。委員会案では、第三項が「すべての検閲を拒否する」となっていたのに対し、大会原案では、「すべての不当な検閲に反対する」と「不当な」という字句が付け加えられていた。

　議事録をみても、「いつ、どこで、誰が、なぜ」修正したのか、その動機、経過などは判然としない。不思議なことに、参加者からは「本文というか、主文には何も問題はないと思います[78]」という意見が示されたが、討議さえおこなわれていない。その一方で、主文最後の「関係諸方面との協力の下に抵抗する」（大会原案）をめぐっては、「抵抗」という表現に会員の意見が分かれ、修正を求めて時間を費やしている。

　つまりは、「すべての不当な検閲」の「不当な」という字句が加えられたことに、誰も異議を唱えなかったということだ。不可解な現象といわざるをえない。だが、当時東京大学助教授だった裏田武夫は、さすがに黙認するわけにはいかなかった[79]。彼は「自由宣言」の提出原案検討委員だったから、「不当な」という字句が付け加えられた経緯をただす必要があった。

　しかし、有山事務局長の回答は、「図書館憲章委員会のなかに小委員会を結成し、韮塚氏（埼玉県立図書館）と、佐藤（忠恕）氏（武蔵野市立図書館）と私の三人で案を作って大会にかける」というものだった。いかにもかみ合わない感じだが、ＪＬＡの組織というものは、常にそうしたものである。おそらくそれが、当時のＪＬＡの「検閲」に対する基本的な態度だったのだろう。戦前の出版警察の検閲制度への不信感が根強く、その一方で戦後の「表現の自由」に対する感覚が成熟していなかったばかりに、論議は歯切れがわるい対応に終始したと推測できる。いみじくも、裏田は以下のように喝破していた。「検閲について基本的な考え方が明らかにされるまで、わが国土にはしっかり根を下ろした図書館学は生まれてこないであろうとおそれる[80]」

検閲の背景にある倫理的伝統は、戦前の国家体制を基盤とし、戦後は民主体制を基盤とする。この違いによって断絶しているようにみえるが、決してそうではない。

戦前、帝国憲法下での出版法（第十九条）と新聞紙法（第二十三条）は、二大言論弾圧法とも揶揄されるものである。これらでは、字句は多少異なるが、「内務大臣は安寧秩序を紊乱し風俗を壊乱する虞ある文書図画は其の発売頒布を禁止して差押を為す」と定められている。

一九三一年（昭和六年）、内務省警保局図書課長・三島誠也は、出版協会会員を前に「検閲標準」について講演している。彼はそこで、検閲標準の眼目である「安寧、風俗」とはどのような意味であるかを、判例を引いて次のように説明した。このとき語られたのは内務省の内規とはいえ、図書課長の肉声で語られたものだっただけに公式な見解として、のちのちまで受け継がれた。三島は、「安寧を紊乱す」ということは、「平穏なる社会状態の存在を想定して之を害することが即ち安寧を害するものと認めている」といい、「紊乱」の意味については、穏やかな社会状態を「不法な手段を以て変更し又は急激に変更すること」がそれにあたるとする。しかも、概念は「時と場所」とを超越し、移動性があると補足し、これだけでは抽象的に定義をあげてその概念を説明することはなかなか難しいとしたうえで、一般的な検閲標準十二項目を説明している[81]。

（1）皇室の尊厳を冒瀆する事項

（2）国体の変革に関する事項
（3）共産主義、無政府主義等の宣伝に関する事項
（略）
（5）私有財産制度を否認する事項
（略）
（7）国家の根本制度即ち裁判所、議会、軍隊、警察制度等の如き国家の法制上の基本的制度を否認し又は其の階級制を高調するが如き事項
（略）
（12）財界を攪乱し其の他著しく社会の不安を惹起する等治安維持上重大なる影響を及ぼす虞ある事項

内務省が取り締まりにとくに目を光らせたのは、いうまでもなく、（1）の「皇室の尊厳を冒瀆する事項」と（3）の「共産主義、無政府主義等の宣伝に関する事項」である。「検閲標準」は、奥平康弘が指摘する「検閲概念と検閲権力の拡大のためのラッセル車的な役割[82]」を果たすものとして発動された。

つまり、出版法という法律があって、当局が「安寧秩序」を害するとか、「風俗を壊乱」すると判断すれば、その出版物の内容の検討がなされることなしに、容易に取り締まることができたのである。泣く子も黙るという「中央集権的警察組織」の内務大臣―警保局長―地方長官―警察部長―

保安課長—（特高課長）—警察署長—巡査らが密接に連携し、事前検閲（発売頒布禁止）の処分を下す。いうまでもなく内実は内務大臣は事後、形式的に追認するだけである。だから、ひとたび発売頒布禁止の判断が下りれば、それは絶対的なもので裁判に訴えることさえも許されない。いってみれば、「斬り捨て御免」である[83]。そのため、帝国憲法の「法律ノ範囲内ニ於テ」の「言論・出版の自由」は、「安寧秩序を妨害し又は風俗を壊乱するもの」などというような抽象的な概念によって制約できるのである。

ちなみに、図書館界では、第二十二回全国図書館大会（京都、一九二八年）で、文部省諮問案「輓近我国ニ於ケル思想ノ趨向ニ鑑ミ図書館ニ於テ特ニ留意スヘキ事項如何」に答申する前に、同省の小尾範治社会教育課長の「主旨」を聴くことになる。それは「示論ノ事項」以来、文部省が図書館蔵書に対して繰り返し述べてきた公式見解でもあった。もちろん、一九七〇年代の蔵書隠匿事件の本質にまで通底している。

我国に於て思想問題が社会的に現れる様になったのは、明治大正時代より漸次顕著になって来たが、最近思想問題に起因する不祥事件—殊に共産党事件等の発生は、本問題が我国にとって益々重要な問題である事を考へさしめるものである。

共産主義的思想はいふ迄もなく我国の国体を危くし、社会生活を乱すものであるから、国民に於ては、かゝる思想に対して出来得る限りの防止を計る必要がある。

勿論思想のみならず、思想は生活より生じ、生活は社会組織によって制約され、影響を受くるものであるから、かゝる社会組織に対する問題は、思想、教育と離れて、又、別途に講ずる方法があるにちがひないから、こゝでは、思想、教育といふ方面より、之に対する策を考へ度いと思ふ。

すべて思想の宣伝には、書籍その他の印刷物が、重要な役務を果たすものであるから、思想と出版物の関係は等閑視する事が出来ない。（略）

一般民衆を相手とする公立図書館の立場について考へれば、幾多考慮すべき問題があると思ふ。

我国現在の状態に於て、危険思想宣伝の傾向ある場合には民衆の教育上、思想に関する書籍を閲覧せしむること、その他の施設に就いて、図書館が適当なる方法を如何に講ずべきかをお諮りした次第である。[84]（傍点は引用者）

明らかにこの「主旨」は、定式化された「安寧秩序冒瀆」の制約基準の（3）「共産主義、無政府主義等の宣伝に関する事項」を対象にしている。検閲中枢とは何かが如実に示されている。これに対して、大会では答申案起草委員会を設けて、次のような答申案を作成する。

一　各図書館又ハ各地図書館協力シテ国民思想善導上必要ナル良書ヲ選定シ之カ閲読ヲ一層奨励スルコト

二　各図書館ニ於テハ思想風教上害アリト認ムル図書ハ極力之ヲ排除スルコト

近来ノ出版物ニハ思想風教上有害ト認ムヘキモノ尠カラス仍テ将来其検閲ヲ一層厳密ニセラレタキコト(85)（傍点は引用者）

だが、この答申案の検閲強化をめぐっては、さすがに、「削除」を求める発言が相次いだ。討議では、村林彦之（品川図書館長）が「図書選択の標準は、各自の図書館で決めればよい」とし、「文部省の答申に入れると云ふことは、容易ならぬ重大事である」として「削除」を求めている。

さらに中田邦造（石川県立図書館長）が、「良書悪書といふ価値判断の主観に対して、疑を持つ。図書は一時的なものではない。後世に迷惑の及ばない様第二の最後の項を削除すべきである。また出版物に対して、厳格な制限をする事も、災害を将来に遺すものと思はれるから、価値判断の標準が明瞭になるまで、第二項全体の決議は避くべきであろう」と述べたところで、「修正」を加えて再提出することが可決される。

答申案は、大会最終日、それまでの「種々の修正の意見を参酌して」協会理事が修正案を作成し、再提案の末に質疑討議を省略して直ちに採決され、満場一致で可決されている。

論議を呼んだ第二項は、副申書として、以下のように修正された。

右答申ノ趣旨ヲ貫徹スルタメ文部省ニ於テ権威アル良書委員会ヲ設ケ其選定ニカヽル図書ヲ周知セシメラレンコトヲ望ム

図書館当事者ハ読書ノ指導ニ関シテ不断ニ努力シツヽアリト雖モ他方ニ於テ思想風教上有害

ト認メラル、図書ノ刊行尠カラスト信スルヲ以テ前ノ検閲ニ就キテ今後一層御考慮アランコトヲ望ム(86)

かつて、清水正三は、この修正案が「良書選定」を文部省に依存したことや、図書館界自身が「検閲」を求めたことを、「図書館の自殺行為だ(87)」と厳しく批判した。これ以降、図書館界は、坂道を転がるように思想善導の一翼を担う機関として、検閲概念を拡大していくのである。

「思想善導」というのは、国民を体制の支持する思想に導くための教育・文化政策である。もともと、思想の伝播には言論と出版物が重要な役割を果たしているため、図書館は、「思想風教上有害ト認メラル、図書」の提供については、思想善導の国策によって等閑視することができない。

このときの答申案起草委員の一人、ＪＬＡ理事・永山時英（県立長崎図書館初代館長）は、「思想善導と図書館」と題して、次のように述べている。

> 悪思想の侵入を防止し、且一般の思想界を善導せんとするには読書界の現状を矯正するより急なるはない事が明である。そして読書界の現状を矯正し悪書の跋扈を防止せんとするには図書館を普及発達せしめ、厳選せられたる良書を豊富に備へて民衆として自由に之を利用し得せしむるより急なるはない(88)。

「思想善導」とは、「思想統制や思想弾圧というような厳しい緊張関係とは異なり、日常的なレベルで営まれる国民の思考や精神的な活動への国家の対応もしくは介入を意味する」とし、硬軟や強弱の違いはみられるが、つまり、国家秩序の維持と安定が狙いだとする山本悠三は、「国家機構におけるその担当は主に内務省や文部省等であるが、民間の有志者や団体によっても側面から担われてきた(89)」と指摘する。要は、同時代の公立図書館の役割が、政治的・道徳的な「啓蒙性」「唱導性」にあるのか、それともあらゆる考え方や見解を提供する「中立性」にあるのかが問われている。

大会に参加した図書館長らが討議した「検閲」論争では、もはや信仰に近い図書館の教化的・教育的な目標が唱導されるだけで、中立性に与する館長は全体からみれば少数派といえるだろう。

いずれにせよ、戦前の図書館の「検閲」基準は、「思想善導上必要ナル良書」を選択するために、「思想風教上有害ト認メラル、図書」を「極力之ヲ排除スル」主観的価値判断の立場に立って形成されている。それは紛れもない「示諭ノ事項」の「善良ノ書」「不良ノ書」の思想的伝統を墨守することにほかならない。したがって、思想善導の機関としての図書館の「蔵書選択」は、警察当局のような公権力による「不当な検閲」ではなく、「唱導性」に根差す「不当でない検閲」として許容されていた。すなわち、「自主規制という名の検閲」である。

こうした図書館（員）の検閲への対応をめぐって、二十世紀はじめ、アーサー・ボストウィック（アメリカ図書館協会会長）は、「何か好ましくないところがあれば、その本を排除しなければならない」とする「検閲官としての図書館員」の存在に言及している。そのなかで彼は、利用者が増加し、図書館の教育的機能が拡大するにともない、図書館員は蔵書を選別する義務を負うとし、検閲官の役割を果たすべきだと主張したのである(90)。戦後日本の図書館界も、図書館法が成立したとはいえ、蔵書の選択については、戦前の「不当でない検閲」観やボストウィックの「検閲官としての図書館員」観の思想的影響から免れることができなかった。ということは、渡辺課長も「検閲」を意識しようがしまいが、「検閲官」としての判断基準に基づく信念を貫いただけかもしれない。それは、県立山口図書館の歴史的風土に培養された「精神的合意」の証しでもある。

とすれば、くどいようだが、渡辺らにとって「蔵書隠匿」は、公権力による「不当な検閲」ではなかった。自館の蔵書形成方針に則した「不当でない検閲」（＝自主規制）であって、多少、後ろめたさを感じたかもしれないが、何ら問題はないという思いだったにちがいない。

筆者はここまで、断りもなく「自主規制」という用語を使ってきたが、JLAの「図書館の自由委員会」では、同じような意味で「自己規制」を用いている。もっとも、『図書館用語集 四訂版』（日本図書館協会、二〇一三年）には、どちらの項目も立てていない。JLAの事例集などでは、「戦後は公然たる権力による統制は影をひそめ、権力の意向を配慮した隠微な形での自己規制を求めることが言論統制の主流となっている」[91]というように、公権力などの介入を未然に防ぐための主体的な規制を指して「自己規制」としているようである。それに対して、「自主規制」は、どちらかといえば、「表現の自由」に鑑みて判断を下す、個人はもとより、集団的組織的に抑制する外圧回避の手段を意味している。

なお、『図書館情報学用語辞典 第4版』には、「自主規制」という項目がある。

言論活動、出版活動において、社会的影響力の大きい個人、組織、団体などが、権力の意向に配慮し、自己抑制しようとすること。また、そのメカニズムをいう。図書館活動においても、同様の抑制を自主規制もしくは自己規制と呼ぶ。[92]

どちらにしても、定義的には大きな違いはないが、筆者は「自主規制」のほうが性に合う。

敗戦直後、日本の政府や軍部は、ひそかに機密書類を焼却し、行政機関に対しても占領軍を恐れるあまりに、見られてはまずい公文書などの書類を速やかに処分するよう命じた。また、文部省は「宣伝出版物の没収方に関する総司令部覚書」を受けて、各図書館に内務省警保局長名で「没収出版物リスト」の通牒などを流し、没収措置を講じるよう指示している。[93]『千代田図書館八十年史』によれば、約一年間、全国の図書館や学校・会社の施設など「網羅的な規模で〝戦犯〟図書の没収」がおこなわれたという。[94]それは、現場の図書館員にとっては苦痛以外のなにものでもない。そのため、「検閲・没収」の指令が出される前に、現場は「それをやるよりも、無いことにしたり」する処分を思いついたとしても不思議ではない。

ちなみに、占領下の県立山口図書館では、どのような措置を講じていたか気になるところである。『山口図書館五拾年略史』に目をやると「没収出版物リスト」とは別に、独自に、「整理廃棄に関する目標」を掲げて、それに基づいて焼却処分された蔵書が一万四千三十四冊にのぼったとある。[95]「整理廃棄に関する目標」は、①軍国主義、帝国主義などに関するもの、②国防軍備などに関するもの、③大東亜戦争に関するもの、④ナチス、ファッショなどに関するもの、⑤国際和親を妨ぐるもの、⑥そのほか敗戦後の新事態に背反するもの、となっている。

最も野蛮な言論弾圧は焚書だとされる。松本剛は占領下では「焼却または没収すべき本の名前が行政によっていちいち示されていなかったために、現場の判断が「安全」志向に傾き[96]」、焚書を拡大していったと指摘している。原寿雄も『ジャーナリズムの思想』のなかで同様のことを指摘している。占領下の「事前検閲はやがて事後検閲に」変わった。そのことでかえって「新聞・放送人の「安全第一主義」による自主規制意識が強まった」と書いている。原は、ジャーナリズムの自主規制の「ゆがみ」はここからスタートしているといえるかもしれないという[97]。

このような「安全第一主義」は、日本人の伝統的な思考様式でもあり、一般的な特質とみなされているから、図書館員も例外ではないだろう。たいていの館員は、社会的慣習やしきたりなどの秩序倫理によって、「安全第一主義」を暗黙の了解事項として、受け入れざるをえない。そして蔵書形成の基本的な考え方を集約した収集方針や廃棄基準などの作成や運用についても、責任者の裁量に委ねている図書館が少なくないので、それが結果として、ことなかれ主義を誘発する。

だが、根本的な問題はほかでもない、「権威なき権力」によりかかる専門職の存在と無自覚な言説である。そして、それがもたらす抑圧をいたずらに増大させていく職場の空気である。図書館員は面倒な事態に巻き込まれるのを恐れて、首をすくめ、口を閉ざし、匿名性のなかに逃げ込んで「安全第一主義」を掲げてしまう。この曖昧な図書館員の自律性こそ、蔵書選択での「自主規制という名の検閲」を引き起こす最大の要因といっても過言ではない。

戦後日本の公立図書館は、民主主義のもとに、いずれの市民の資料要求に対しても可能なかぎり利用に供せられるよう、偏向のない、均衡がとれた蔵書形成を一つの目標としていた。

だが、市民からの多様かつ潜在的な要求を蔵書に反映させていくのは、図書館員にとって、そう簡単なことではない。絶えず選択の判断に対する責任を問われるので、しばしば緊張を強いられる。もちろん、「蔵書選択」の原則は、すべての市民に公開することが前提になるので、図書館員は、来館者だけでなく、非来館者に対しても責任を負わなければならない。

そのため、蔵書を形成する図書館（員）が抱いている図書館観がどのようなものであるかによって、それは大きく変わってくる。予算面で制限されているとすればなおさらだろう。だから、多くの図書館員の基本的態度も図書館観もいまだ確立されていないし、確立されていたとしても、いわゆる伝統的な曖昧な思考様式の状態では役に立たない。

そのため、一九七九年改訂「自由宣言」以降の公立図書館は、あらゆる見解の資料を提供するという「図書館の中立性」の立場を守って伸展してきている。とはいえ、政治的・教育的・道徳的な問題について「蔵書選択」が論争の的になると、きまって歴史的役割に由来した「唱導性」を主張する「思想の守護神」が館内外から立ち現れてくる。

天災は忘れたころにやってくる。蔵書隠匿事件では、まさにそうした立場に立つ図書館員が、官僚のひんしゅくを買うと考えられる蔵書を隔離したことで、はからずも「唱導性か中立性か」という難問があぶり出されたといえる。たしかに、図書館員は、個人的な信条や図書館観ゆえに、ややもすれば独断的に蔵書の締め出しや市民の権利を制約することがある。もちろん、日々そうならないように心がけているものの、ときとして、都合がいい制約手段の誘惑に抗しきれないのも現実である。収集選択に携わったことがある図書館員なら、まったく心当たりがないとはいえないのではないか。

　まして、県立山口図書館の渡辺課長は、父が警察官であり、自身は県警本部が発行している「防長警友」誌に十年近く毎月「読書案内」を書いていた。「公序良俗」という「モノサシ」の誘惑は抑えがたかっただろう。県議会では、そのことと事件との関わりに疑いをもつ議員もいた。[98] 専門職といえども、「図書館の中立性」の確立については、客観的であることがいかに難しいかを、渡辺課長は身をもって感じていたにちがいない。

　もっとも、こうした官製の判断基準は、いずれの図書館でも、専門職の「蔵書選択」に対する基本的な考え方のなかに宿っているといえる。ただし大事なことは、その「モノサシ」を絶対的なものとして、恣意的に駆使できるのは、おのずから一定の権力と権限が与えられている立場の者に限られていることである。

　このように、図書館員は、「蔵書選択」と「市民の要求」とのはざまで生じる葛藤に絶えず悩まされつづけている。事件の十五年ほど前、図書館員の選択に潜在するそうした〝ゆれ〟について、カリフォルニア州の図書館員を対象にしたインタビュー調査がおこなわれている。それによれば、「論争をはらんだ図書の選択にさいしては、なにも考慮すべきことはないと答えながら、実際には、その五分の一の館員が日常的に選択リストから外していることがわかった。また、購入はしたが、「貸出制限」という「自主規制」を加えていることも明らかになっている。[99] もちろん、この実証研究をそのまま一般化することはできないが、蔵書隠匿事件の両課長のように、図書館員の個人的な性格や信念が「選択」と「検閲」の判断基準になることはありうるし、その危険性を認識しておいていいだろう。

選択者にとって重要なことは「その図書を保持する理由を見出すこと」であり、検閲者にとっては「その図書を拒否する理由を探し出すこと」である。「多くの司書は圧力が予想されるとき、これに逆らわず、問題の起りそうな原因を抑制することによって問題への直面を避ける(100)」という傾向にある。

要するに、「蔵書選択」にあたって、客観的に確立した収集方針・選択基準に従って機能的責任を果たしていても、その収集方針・選択基準が市民にとって説得力をもつという保証はない。それどころか、基準が利用者の意思ないし市民感情と対立することだってありうるから、選択者が機能的責任のジレンマに陥ることは避けられない。だからこそ、いまだ検閲論議はあとを絶たない。そこから、「検閲」を肯定する図書館員はいないが、「自主規制という名の検閲」に手を貸したことがない図書館員もいない、という俗説が生まれてくるのである。公立図書館員は、資料収集・提供サービスでの蔵書選択に際して、市民に悪影響を及ぼしそうな反道徳的・反体制的な資料や論争の的になった資料に直面したとき、しばしば難しい判断を迫られるが、結局は、問題を先送りして、ついつい「不当でない検閲」＝「自主規制という名の検閲」に手を貸してしまう。

ウォルター・ゲルホーンによれば、それは「検閲を個人の堕落、文化水準の低下および民主主義の一般的保障の崩壊を阻止する手段(101)」と考える図書館員が存在したことを示唆している。換言すると、選択に際して、「表現の自由」の保障を重視するか「読者の堕落」の阻止を目指すか、どのような立場に立つかによって、判断基準が都合よくどのようにでも用いられるということである。

図書館員の「善悪」の価値観だけで読者の立場を推し量り、あまりに不快なもの、危険なものを選ばないとしたら、それはとりもなおさず、読者の価値観や判断を信頼していないということであり、「妨げられることなく表現を受け取る自由」を奪うことになる。いわゆる、蔵書選択は、「言論・出版の自由」を重んじる。しかし、その「表現の自由」を誰が受け取るかによっては、質的意味を大きく変える。このため、圧力、自粛、規制、検閲などの姿をみせない妖怪との闘いでは、所与の現実を視野に入れなくては問題の解決は図れない。

であるなら、蔵書隠匿事件が発生した原因は、課長個人の感性や裁量だけに帰せられるものではないことは論及するまでもないだろう。もっといえば、そこには県立図書館の思想的伝統の体質が見え隠れする。行政が政治的であることはいうまでもないが、官僚制の内側に取り込まれた個人の言動は、階統型の権限体系に制度的に吸収されるので、可視化が難しい。そのうえ、教育長や館長の「建前」を並べ立てる官僚的な釈明では、図書館の機能性の正統性が問われざるをえない。そればかりか、図書館行政のあり方や判然としない館員の専門性に疑問が生じる。事件の直接的原因は、専門職の不寛容の精神にあるといえるが、問題はその不寛容の精神が複数の要因から成り立っていることである。

ここで、図書館員に内在する五つの要因を以下に析出して考察したい。

①官僚主義

公務員制度では職位に配分された権限には規律的に服従するべきだという考えが支配的である。

専門職としての図書館員といえども、上司の職務命令に忠実に従わなければならないとされる。そこに過剰忖度という現象が起きる。組織のメカニズムとしては、ピラミッドのような階統型の権限体系は合理的に機能するが、一枚岩の組織ほど「自主規制」という弊害がはびこりやすい。

つまり、「蔵書選択」や提供制限の権限は、図書館条例などでは教育委員会にあり、施行規則で図書館長に委任されているが、組織のなかに裁量権限が委ねられているかぎり、実はそこにこそ「自主規制という名の検閲」の温床がある。

②中立性

「蔵書選択」は、図書館の規模の大小を問わず選定委員会が設けられ、収集（廃棄）方針や基準に基づいて合議制でおこなわれているところが多い。ただ、「中立性か唱導性か」をめぐって意見や感情の対立があらわになるときには、討議を重ねて無難な落としどころをみつけ、結論に導く傾向が強い。

問題はその際の「中立性」の概念である。一般的には、曖昧無色であるように考えられがちだが、多様性をもたらすことを常に念頭に置く必要がある。「中立性」はややもすると少数派の意見を封印し、単一性を強める傾向をもつことを理解すべきである。「見せかけ」の中立性に陥ってはならない。一九七九年改訂「自由宣言」には、思想・言論などの抑圧は「図書館における自己規制を生みやすい」と自戒が込められている。

③同調圧力

歴史と伝統を誇る図書館では、「蔵書選択」の判断の正当化の根拠として、地域社会一般の慣行や「言伝《いいつたえ》」の風土の影響を受け入れやすい。言い換えれば、個人の意識よりも社会規範のほうが優先される。それだけに、選択会議のなかでは、個人の判断の余地を残しておくことが大切である。

個人は、上司の前では面従腹背の徒となり、覚えのめでたい行動をとりがちである。逆に下位の者や外部の者に対しては、何らかの権威を後ろ盾にして、画一的また独善的な意識や言動をとりやすい。

もし個人の判断の余地を失えば、責任回避のための多数派を形成する要因になり、少数派の意思が反映されなくなる。もちろん、規範への同調は絶対的なものではないので、個人はしばしば由々しいジレンマに直面する。

④信念と価値観

誰しも個人の信念や権利、価値観を享有し身につけている。ただ、紋切り型の「善悪」の判断を尊重しすぎると、「悪」の識別の論理に過剰に反応し、異質性を排除する傾向をもつ。どこの図書館にも、道徳・思想の守護神と自任している管理職や図書館員がいる。彼らは、自らの意見が絶対正しいという強固な信念をもっているので、客観的な評価や判断を求めるには、相当に骨が折れる。その結果として、政治的な妥協や調整が横行する。

⑤倫理綱領

「蔵書選択」に対する個人的な意見や態度を決定する際には、組織としての一体感から逸脱するまいとして、往々にして共同体固有の倫理観や慣例に従ってしまう、醸し出されている空気に合わせてしまう危険性がある。逆に、誤った判断を下し、首尾一貫性を欠くような態度では、自己嫌悪に陥る。このため、客観的な判断が鈍り、選択よりも全員一致の価値を優先しようとする傾向が強い。

専門職は職務の内容が特定されるが、高度な知識と相当程度の技術性をもっていることが制度化された資格の取得で保証される。それだけに、専門職としての活動の結果が職場や社会に大きな影響を与えるので、その社会的責任は重い。蔵書隠匿事件を契機に「図書館員の倫理綱領」が定められているが、司書職制度を確立していくためには、さらに深い理解と研修が求められる。

思うに、戦後、「蔵書選択」の病理的な制約・規制の根拠のありようは、国家権力によって言論・思想の自由が厳しい制約を受けていた戦前とは違ったものになっている。憲法で保障された「表現の自由」との関わりで、「知る権利」までが論じられるようになってきたのである。

「知る権利」については、一九六九年に、マルキ・ド・サドの『悪徳の栄え』事件で、色川幸太郎裁判官が「「表現の自由」は言論・出版の自由のみならず、「知る自由」を含む」とし、「〔表現の自由は〕他者への伝達を前提とするのであって、読み、聴きそして見る自由を抜きにして表現の自由は無意味となるからである。情報及び思想を求め、これを入手する自由は、出版、頒布等の自由と表裏一体、相互補完の関係にある」[102]（傍点は引用者）と言及したことによって、図書館界でも一定の市民権を得た。さらに、沖縄返還交渉をめぐる外務省沖縄密約漏洩事件で、国家機密と「報道の自由」とのあるべき姿をめぐって「知る権利」論争が巻き起こり、いちだんと市民の理解と関心が深まった。

同時代に起きた蔵書隠匿事件もまた「知る権利」侵害事件といえるだけに無視することはできない。少し参考文献をあげておくので、目を通してもらえれば幸いである。

奥平康弘によれば、最高裁大法廷で初めて「知る権利」の用語を採用したのは、いわゆる博多駅テレビフィルム提出命令事件（一九六九年十一月）のときで、「国政に関する報道は、国民が国政に関与するにつき、重要な判断の資料を提供し、国民の「知る権利」に奉仕するものである」として、ともかくも「国民の「知る権利」」の存在を是認している。[103]

だからこそ、「蔵書隠匿」によって多様な思想や情報を受け取る「知る権利」を侵害されたとして、市民が県立山口図書館を告発した意義は大きかった。

図書館界にとっても、一九五四年採択の「自由宣言」が画餅に帰すものという批判を受けていただけに、大きな衝撃だった。

こうして、「表現の自由」に対する公権力の規制は、送り手の「表現する自由」への制約ばかりではなく、「表現を受け取る自由」への制約にもつながり、二重の制約になる。「知る権利」は、以後「表現の自由」の領域での新しい権利として改訂「自由宣言」の確立に大きな影響を与えた。

憲法は、「国民は、すべての基本的人権の享有を妨げられない」（第十一条）として、人権を侵してはならない永久の権利として、絶対的保障という考え方をとっている。だが一方で、人権が無制限に行使できるのではなく、「公共の福祉」によって制約されるとする。また、第十二条の「自由及び権利」は、「国民は、これを濫用してはならないのであつて、常に公共の福祉のためにこれを利用する責任を負ふ」という。たとえば、憲法で保障されている「表現の自由」といえども、個人のプライバシー権を侵してまで保障されるかというと、その限りではない。当然のことながら、衝突するどちらの人権も尊重されなければならないから、公平にバランスよく保障するための一般的制約原理が欠かせない。それが「公共の福祉」という概念である。

ところが、「公共の福祉」といえば、社会通念として「国益」とか「公共の利益」などと同じような概念と受け止められやすいため、個人の権利がしばしば犠牲になっている現実がある。だからこそ、「公共の福祉」の概念については、軽視したり等閑に付したりしてはならない。また、近年、改憲論議がかまびすしくなる風潮があるだけに、国家権力の衣をまとう「自由及び権利」の保障についてしっかり意識し、悔いをあとに残さないようにしたい。

かつて新憲法の制定にあたって、「言論、出版その他一切の表現の自由」の保障については、GHQ（連合国軍総司令部）の草案に対し、日本側が次のような条件を課した経緯がある。

「第二十条　凡テノ国民ハ安寧秩序ヲ妨ゲザル限ニ於テ言論、著作、出版、集会及結社ノ自由ヲ有ス。
①検閲ハ法律ノ特ニ定ムル場合ノ外之ヲ行フコトヲ得ス。」（日本側修正案[104]）（傍点は引用者）

すなわち、日本側は「安寧秩序ヲ妨ゲザル限ニ於テ」「法律ノ特ニ定ムル場合ノ外」という条件をつけることによって、帝国憲法での「法律の留保」を付した「表現の自由」の規定にとどめておきたいという思惑があったのだろう。ここ数年、「公共の福祉」の概念によって「表現の自由」が制約を受ける場面では、その思想的位相が絶えることなく立ち現れてくる。

自由民主党の改憲草案（二〇一二年）では、第十三条の「公共の福祉」に反しないかぎりを、「公益及び公の秩序」に代えている。また、第二十一条「表現の自由」の第二項に「前項の規定にかかわらず、公益及び公の秩序を害することを目的とした活動を行い、並びにそれを目的として結社することは、認められない[105]」と新たに書き加えている。

そこで問題になってくるのが、憲法が保障する「一切の表現の自由」の内容である。近年は、情報社会の進展とともに表現媒体が多様化し「表現の自由」の内容も拡大しているが、おおよそ想定される内容は、次のように定義される。

表現の自由は、すべての表現媒体による表現に及ぶ。演説、新聞・雑誌その他印刷物、ラジオ、テレビはもちろん、絵画、写真、音楽、芝居などの表現も保障される。集会・結社も、通常、集団ないし団体としての思想・意見の表明をともなうので、伝統的な言論・出版の自由（狭義の表現の自由）と密接に関連し、それと同じ性質の、ほぼ同じ機能を果たす権利である[106]。

だが、「表現の自由」が拡大すればするほど、その核心ないし保障をめぐっては、無制約でないことで、規制や統制が強化されつつある。いうまでもなく、「表現の自由」に関する最も厳しい制約が「検閲・事前抑制の禁止」だが、憲法は「一切の表現の自由は、これを保障する」と定め、さらに「検閲は、これをしてはならない」絶対的禁止事項として明文化している。それによって、「表現の自由」は最大限に保障しなければならないが、「公共の福祉」によって特例的に制約することもありうるという含意を汲み取ることになる。

しかし、現行憲法では、「表現の自由」を制約するやむをえない理由があったとしても、検閲という規制手段は「絶対に認めない」という考え方である。

蔵書隠匿事件を契機に、「自由宣言」の改訂が始まったが、このころには、「表現の自由」には受け手の「知る自由」を含むという解釈が一般的になってきた。それを踏まえて、七九年改訂「自由宣言」は「図書館は、基本的人権のひとつとして知る自由をもつ国民に、資料と施設を提供することをもっとも重要な任務とする」と表明したのである。

だが、本事件の発生段階では、「表現の自由」は、「権力からの自由」という視点でとらえられがちで、「国家が不当に干渉してはならない」と解されていたから、図書館での「表現の自由」の保障のあり方を問う基盤は脆弱だったといえる。

そもそも、それまでの「表現の自由」は、基本的人権はすべて「公共の福祉」によって制約されることを前提としていた。まさにこの「公共の福祉」制約論によって、書架から「好ましくない本」が取り除かれ、段ボール箱に入れられたまま書庫内に放置されたのである。それは、送り手の「表現する自由」だけでなく、同時に市民の「表現を受け取る自由」をも侵害していることになるのだが、おそらく、このときの当事者はそこまで考えが及ばなかったのだろう。

もともと、言論や報道の領域では、外部の有力な個人や団体から批判や攻撃を受けた際には、「いかにうまく逃れるか」という「安全第一主義」の原則を崩さない。だからこそ、図書館員が「表現の自由」を自主的に抑制し、社会的責任を回避（放棄）したとき、図書館・図書館員は、それを正当化しようとする。このような図書館の考えや態度には、加害者意識のかけらも見いだせない。

奥平康弘は、マスコミの規制のメカニズムに触れるなかで、「かつては外部から権力的に抑圧が課せられたが、こんどは、内部から社会的に抑圧の体系が生まれたのである。この内部化され社会化された抑圧体系が、自主規制・自主検閲といわれるものである」[107]と述べている。公立図書館の蔵書選択における内部化された価値判断基準も基本的には同じである。

こうしてみてくると、林健二牧師が「図書館は地域住民の知る権利を保障する場所」といい、「あらゆる種類の情報及び考えを求め、受け及び伝える自由」が妨げられたとして、〝知る権利の侵害だ〟と抗議したことは画期的な意味をもつ。図書館界が前年の外務省沖縄密約漏洩事件の「知る権利」論争を受け、蔵書隠匿事件の核心が「妨げられずに表現を受け取る自由」の権利侵害であると色めき立って争点にしたのは当然だった。

また、山口県のような保守的体質の自治体内部には、先に指摘した家族国家観に立つ道徳的制約にとらわれた価値観が存在した。その不可視でありながら体系化された内的基準は、実質的な「非公式の検閲」を可能にした。そこで、一九七九年改訂「自由宣言」では、主文を改訂するとともに、改訂の契機になった蔵書隠匿事件を踏まえて「自主規制という名の検閲」に対する図書館員の立場を、副文として採択している。

「図書館員の個人的な関心や好みによって選択をしない。」（主文第1—2—（3））

「図書館は、正当な理由がないかぎり、ある種の資料を特別扱いしたり、資料の内容に手を加

えたり、書架から撤去したり、廃棄したりはしない。」（主文第２―１）
「検閲と同様の結果をもたらすものとして、個人・組織・団体からの圧力や干渉がある。図書館は、これらの思想・言論の抑圧に対しても反対する。」（主文第４―２）
「それらの抑圧は、図書館における自己規制を生みやすい。しかし図書館は、そうした自己規制におちいることなく、国民の知る自由を守る。」（主文第４―３）[108]

改訂「自由宣言」は、憲法における基本的人権の原理を尊重し、発展させるために「知る自由」という法的概念を用いて、行動規範としての固い決意を表明している。このことは評価できる。だが、「自主規制という名の検閲」という病理的現象に陥らないためには、さらに、改訂「自由宣言」の「知る自由」が法制上の実質的な権利として認められ、反倫理的・反人間的な価値判断を下すことができない法的拘束力を獲得するには、まだまだ時間が必要だろう。たとえ理念が表明されても、何らかの法的拘束力がなければ、そこに掲げられている「図書館の自由」が侵害されたときに、法的救済方法さえないことになる。堀部政男は、「その重要性は認めることにやぶさかでないが、しかし、法的には、図書館の自由が実定法上の自由として承認されない限り、それは画餅に帰することになりかねない」[109]と指摘している。

「蔵書隠匿」事件当時、川島武宜は、日本人の法意識は、「相互のあいだに区別が明らかでなくぼんやり漠然と一体をなしてとけあっている」と指摘している。このため「知る自由」は「国民は憲法上の「権利」を知り、これを守る決意のもとに、権利を擁護する行動をとることによってしか実

現され得ない」として、「権利のための闘い」がとくに重要だとする。(110)

7　問われる県立山口図書館と日本図書館協会の対応

わが国の図書館界は、これまで実に多くの過ちや誤りを犯してきているが、なかでも県立山口図書館が犯した過誤は、前代未聞の醜態をさらす事件として特筆に値する。近代日本図書館史上で、一時的にも「図書館のメッカ」と謳われた県立山口図書館が引き起こした蔵書隠匿事件だけに、暗い戦前の検閲の記憶を呼び覚ました。考えてみれば、ひどい話ではないか。市民の「知る自由」を保障する立場の側が、「表現の自由」を享受する市民を意図的に抑圧する加害者の立場に立つわけだから。

さっそく、市民の一人は、同館に対して「思想統制につながる」のではないかと、新聞の投稿欄で鋭く問いただしている（「毎日新聞」一九七三年九月十日付）。

①何を、どんな基準で「好ましくないと」決定するのか。
②憲法で保障された思想・信条の自由を規制できるほど図書運営は強力なものか。
③知る権利は国民平等である。整備に名を借りて、この権利に規制を加えてもよいという方針なのか。

「県立山口図書館が、どんな運営をしようと自由であろうけれども、「特定思想を好ましくない」との理由で、図書館運営を規制することが、全国的に行われるとしたら、どういう結果になるか。私はそれが恐ろしい」というのである。

このように道義的・倫理的な責任を問わずにはいられなかった市民の苛立ちに対し、事件発覚後の同館の対応は必ずしも「図書館の使命」や「市民の権利」に応えようとするものではなかった。それどころか、館長は、どこまで事実かはわからないが、事件の当事者である整備課長の行為について、個人的・人格的な判断による単純な事務的ミスとして事実経過を繰り返すだけである。いかにも理屈に合わない感じだが、行政組織における管理職の責任逃れは、たいていそうしたものである。とはいえ、市民と図書館との間に大きな亀裂が走ったことは確かである。おそらく、教育長や館長はそれに気づいていない。いや気づいていたかもしれないが、手の内はみせていない。それにしても、村瀬館長の釈明は、問題を矮小化しようとして事態を混乱させるばかりだった。

こうして、県立山口図書館は四面楚歌の状況にあった。館長は苦りきっていただろう。管理職はもちろん、部下の間にも、どうしてこんな事件が起きたのかという思いもあっただろうが、市民から図書館の存在意義が問われていること自体に対して、図書館はもう少し事態を謙虚に認識すべきではなかったか。就任早々の村瀬館長にすれば、問題の本質から目をそむけて、問題を矮小化するのが精いっぱいだったのかもしれない。また、二年前に県教育長に着任し、前例にとらわれず教育行政に新風を吹き込んでいた青木英一教育長も、事実を確かめたうえで、倫理的規範を犯した課長の資質を厳しく問うことができたろうに、本気で取り上げようとした気配はない。あとで触れるが、そこにはもっと差し迫った事情があった。

事件後の県議会で、教育長は野党議員から「意図的な蔵書隠匿計画は、教育委員会の方針ではないか」と追及され、「そんな考え方は、毛頭もっていない」とし、「約一カ月間県民の利用に供することができず本当に申し訳ない」と頭を下げた。しかし、自身の責任についての明確な答弁はしていない。青木は、学閥と縁がない京都帝国大学出の教育者で「行政は苦手」と言い続けていたが、何のことはない、五年三カ月教育長を務め、退職した。

その最後の議会で、彼は「伝統ある防長教育の真髄を」と求められ、次のような発言をしている。「誤った民主主義が今日のエゴイズムを生んだ。失われつつある民族的、国家的意識を取り戻すために、学校と地域が一体となって道徳心の高揚に努めたい」（「西日本新聞」一九七六年十二月十四日付）

ここに、はからずも露呈した県教育行政の体質がみてとれる。

なお、青木教育長は、退職後に出版した書物のなかで事件の経緯を略述し、補足的に「本件が、一見単純なミスでありながら意外な展開を見るに至った裏には、内部告発的ニオイもあり、外部の目的的な動きもあった」[11]と言及している。同じようなことを、事件に関わっていた升井卓弥も第三者的視点で「二十八日問題が発覚した。その裏には図書館の体制を非民主的とする、内部告発的行為もあった」と記す（傍点は引用者）。

内部告発者については、すでに本章第2節で触れたが、心に留めておきたいことがある。告発者の阿部司書が「この事件の発端に立つ人物は私です」と手記を発表したのは、事件発覚の十数年後のことだということである。阿部が名乗り出る前、早い段階で告発者の存在が察知されていたのである。教育長、参考課長のどちらの述懐にも、あえて内部告発的行為の関与をほのめかしている。それはとりもなおさず、当時の県立山口図書館職員の間に確執や亀裂が生じていて、管理職に対する不信感が募っていたという証左でもある。

升井は、同僚の渡辺秀忠整備課長（一九九一年没）が冥途へ旅立ったのち、「事件の発火点である図書隠匿について事実を書かねばならぬ」と、周到な配慮をもって書き留めている。

開館式の二日前の七月二十一日朝、私の所に渡辺秀忠課長がやってきて、どぎつい偏った開架の本を抜こうという。私は何万冊もの開架のなかからそんなことをしたってと賛成しなかったのだが、結局彼の言に引きずられて、二人で数十冊の本を抜いて段ボールにいれ、参考室に運び書庫にしまった。

この行為は誰から話があったものでもなく、二人が刹那的にというか恣意的――少なくとも私は――に選んだにすぎない。

この軽率な行為で私は生涯重い足枷をつけることになる。(112)

そして、いまは亡き渡辺整備課長の代弁をすれば、「この行為は資料収集の責任者整備課長としての自律的行為」だったとする。この評言は、渡辺が亡くなったあとに書かれているだけに、言葉どおりに信じるわけにもいかないかもしれない。読者の想像に任せる。

ひるがえって、告発者・阿部に問われるのは、林牧師が事件の根本問題の一つとしてあげた「組織と個」の問題をどのように考えていたかということである。林牧師は、整備課長の行為をただすように、「どんな状況、どんな組織の中におかれても、人間が正気でありつづけるためには、どうすればよいか」[113]と問いかけたが、それはとりもなおさず、阿部の内部告発的行為に対する問いかけでもあったといえる。

ともあれ、視点をややずらしてみると、県立図書館は一枚岩には程遠い組織であるのがわかる。もっとも、同館が施設会員として加盟していたＪＬＡも、事件が発覚したときには、「朝日新聞」の取材に対して、「常識では考えられない」とコメントをしているのに、それ以降、とりたてて事件の真相をただしているわけではない。この点についての事情・経緯については、いずれ触れる。

戦後日本の図書館界は、一九五四年「自由宣言」採択以降、「図書館の中立性」を標榜し、「知る自由」の保障を切実に求めてきた。

一九七〇年代はじめ、第三次佐藤栄作内閣の文部大臣は、山口県出身の高見三郎だった。「保革伯仲時代」に入ったとはいえ、人脈と権威、権力が絡み合った政治が及ぼす影響力は、県知事や教育長にとっては断ちがたいものがあっただろう。そして、県教育委員会と図書館の絆をみていくと、事件の背後に浮かび上がってくるのは、紛れもない、山口県の歴史的・政治的風土がもたらす「豊かさ」と「言伝《いいつたえ》」である。

だからこそ、利用者の「資料要求」（「知る権利」）を妨げる行為には、館種を問わず、多くの図書館員が危機感を覚え、渡辺、升井らの言動に懐疑的にならざるをえなかったといえる。

図書館界で、まず、公共図書館に関わる問題について実践的な理論の確立を目指して結成された図書館問題研究会が、第二十回全国大会で「図書館の自由に関する宣言を守る」決議を採択した。それについてはすでに述べたが、このときの参加者の発言に耳を傾ける必要があるだろう。「山口県立図書館の図書封印事件は衝撃だった。赤旗で知ったわけだが、ちょうど金大中事件もあり、暗黒への道か、民主主義への道かというふうにいわれていただけに、もっと図書館の本質、自分がどういう図書館員になっていくのかを問われているのだと感じた[114]」と参加者の一人は話す。

当時、新進気鋭の教育学者・塩見昇（元ＪＬＡ理事長：二〇〇五―一三年）は、「今回の山口図書館の問題を氷山の一角として謙虚にうけとめるべきだと考えてきた。したがって山口図書館の非を追及することは当然としても、同時に一九五四年の宣言を再確認し、いよいよ住民の資料要求にきちんとこたえていくという図書館の責任を、十分に果たしていくべきことを誓いあった[115]」と倫理的な反省と責任の全うを訴えた。

地元紙「防長新聞」一九七三年九月五日付は「社説」で、その図書館運営の責任と指導監督について厳しく問いただす。

図書館人がイデオロギーをもてあそぶことは禁物であろう。図書館の中立性は読書人自らが良識をもって決めることを信じたい。

県教委は、問題が起こる度に〝深く反省する〟の低姿勢の一点張りであるが、県民ののぞむのは不退転の信念ある教育行政の姿勢であろう。再三本欄においても述べているように、特定の集団向けの釈明でなく、ガラス張りの中でもっと分かりやすく一般県民への説明の必要があると思う。

不祥事続きの県教育行政に県民が不信感を募らせて、確とした説明責任を求めているという「社説」の主張は当を得たものである。県教育行政の姿勢は、本章第１節の議事録の質疑応答を参照してほしい。図書館を象徴するのは、「自由宣言」の「旗」（理念）である。と考えれば、整備課長、参考課長の「旗」を引き下ろし踏みにじる行為は、図書館の良心に恥ずべき行為といわざるをえない。

本書はもとより、事件の道義的・倫理的な領域ばかりに好奇の目を向けているわけではない。県立山口図書館の根底に流れる思想的伝統や権力構造とその体質に注目して、事件の検証を試みているつもりである。九月県議会で県教育長として答弁に立った青木英一は、十二月の定例議会でも、俵田佐議員の蔵書隠匿事件についての再質問に答えている。

十二月十四日

俵田佐議員　図書館蔵書の貸し出しの変更についてである。最近、いろいろ釈明があり、ときどき報告が違っているのは、作為的なものがあるのではないかとただしたが、そういうことはないということであった。今月十一日に至り、新聞報道によると、この抜き取りは偶然ではなく、その間に八月中旬には三回、さらに後では数回にわたり、二人の課長、それに関連した者が審議していたことがわかった。果たして、真相はどうだったのか。

この六日、秋穂町の中央公民館で吉佐管内の読書活動推進協議会が、県教委と公立の図書館主催で持たれたが、その席上、図書館の副館長が、新聞報道は誤っている。もしわれわれがほんとうに本を隠匿するなら、もっとやりかたがあると言うた。もしこれがほんとうであったということになるならば、いままで事実が変わった底《ママ》とは、非民主的な運営がなされると同時に、教育行政の担当者として不適格な、何か暗い作為的なものが内在しているのではないか。

青木〔健治〕教育委員長　教育委員は五人いるが、知事から選ばれ、議会の承認を得ているが、だれ一人として、行政上の処理について、片寄った処置をする傾向の者はいない。公正な措置をしている。図書館の問題についても、何かの体質によって、そういうことになった心配はいらない。担当の本人が入院しているので、その真相を明確にしたうえで、処理を完結したい。

青木教育長　抜き取った図書の整理について、抜き取った後、三、四回整備課長と参考課長が選択委員会を開くことを協議したのは事実である。たまたま新図書館の開館時に、多忙をきわめ、図書運営委員会を開くことができないまま、結果的に整理未済のまま、迷惑をかける結果になった。

秋穂の図書館協議会における副館長の意見は、全面的否定でなく、整備課長が隠したと言ったことは、整備課長自身がそういうことを言ったのではないということを申したので、誤

解を招く発言と思うので、善処したい。(116)

それからまもない暮れの二十五日、県教育委員会は、蔵書隠匿事件の渡辺整備課長について、「事後処置の適切さを欠き、県民の疑惑と不信を招いた」ことによって、地方公務員法第二十九条第一項に基づく戒告処分とし、升井参考課長を同じ理由で文書戒告処分にしたと発表した。村瀬館長と伴副館長は、部下の指導監督不十分ということで文書戒告になっている。(117)明らかに、県教育委員会は、この行政処分をもって事件の落着を図ったつもりだろうが、「隠匿の事実」を否定するかのような発言を繰り返していた青木教育長に何らおとがめがないのは、責任の問われ方としてはあまりにも理不尽である。これが公権力の現実なのだ。県議会の答弁からうかがえるそれは、官僚機構に収まり、型どおりの検証を報告して白々しいつじつま合わせの釈明を繰り返すばかりだった。その姿勢は、とても、県の教育行政にあずかる長として、市民の疑惑を晴らすものではなかった。それだけに、「おとがめなし」には市民も釈然としなかったにちがいない。筆者の目からみれば奇妙な処分だが、これこそ当時の現状追認の典型的な行政処分である。

また、明白な意図のもとに蔵書が隠匿された事実を「技術上のミス」として「過失事故」と言い逃れ、事件の核心をはぐらかした教育長には、おそらく市民の「知る権利」を侵害したという加害者意識などまったくなかったといっていいだろう。こうした教育長の不誠実な態度を、林牧師は、「現代の焚書」(「人間であるために」第九号)のなかで次のように戒めている。

人間であるということは、他者の悲しみに深く心の耳を傾け、ともに悲しみを分かちあおうと、せいいっぱいの努力を傾けることではないでしょうか。県教委にも館長にも、ついに見ることができませんでした。ましてや、住民の知る権利を奪ったことへの責任など、見出しようもありませんでした。（略）重大な悪事、悪質な思想統制を行なった事件を、真正面から受けとめて誠実に処理できず、ただ体面に終始するこの人々の「今後をみてくれ」とは、どんな今後なのでしょうか。[118]

県教育行政や幹部に問われているのは、まさにこの人間であるための努力ではなかったか。それにしても、告発者や市民にとって不本意な流れで一件落着したようだが、肝心要の「知る権利」の侵害についての問いは、根本的な疑義を宙吊りにしたままで、機能不全に陥っている。このまま放っておくと、「知る権利」が同調圧力の重圧に耐えかねて窒息しかねない。

それはそうと、ＪＬＡは蔵書隠匿事件に対して、「対処の仕方が鈍く、各方面から態度不明確を痛罵されている[119]」という。

そもそも、ＪＬＡは、蔵書隠匿事件が発覚したとき、「朝日新聞」の取材に対し「常識では考えられない」とコメントしている。記事は協会の誰がコメントしたか触れていないが、たしかに、そのコメントを記載している。取材に応じたのが誰か、いまここで詮索してみてもはじまらないし、するつもりなど毛頭ないが、このコメントはＪＬＡにとって足かせになったのではないか。そのあたりのＪＬＡの態度と行動については、事件に深い関心を寄せていた河井弘志によれば、以下のような内部事情があったらしい。

事件発生の時JLAは新聞記者に〝常識では考えられない〟とのべた。問題が大きくなったので九月末に『図書館雑誌』でこの問題の特集を組むべく、山口図書館長に経過報告を依頼し、解説的記事を筆者〔河井弘志〕に向けた。しかし館長はこの段階で報告を書くことができず、JLAも意見をまとめえず、酒川〔「図書館問題研究会」委員長〕の言うように、〝そこには新聞の切抜記事と一般的な自由論文が掲載されただけで、日図協《ママ》としてのこの事件に対する意志表示も、県立図書館側からの発言もなかった〟という失望を招くことになった。[120]

JLAの常務理事会は、事件について県立山口図書館から経過報告を受けなかったし、問い合わせた様子もない。口頭で報告を受けたのかもしれないが、直後の「図書館雑誌」（一九七三年十月号）の常務理事会記録には、山口県立図書館の〝民主的書籍を封印〟という問題について文部省内でも話題になっていて、ほかの新聞社からも問い合わせがあった、[121]とある。

時系列的にみると、十月になってようやく常務理事会は、「図問研、大図研などから、全国図書館大会へのアピールなどが要望されているところ、この問題について役員の意見を求め、一図書館の問題としてでなく、原則論として館界全体が図書館の自由宣言を再確認する方向で、大会にのぞむこととした」[122]と、重い腰を上げている。

理事会が、全国図書館大会での「自由宣言」確認の決議の段取りを承認したのは十一月十六日である。なんともまどろっこしい。

いわゆる山口図書館の図書封印事件に関して、全国図書館大会で〝図書館の自由に関する宣言〟を確認する決議を求める要望について協議した。全国大会での決議は、部会討議をへて上がってくるのが原則であるが、この問題については協会として毅然とした態度をとるべきだという意見が強く出され、公共図書館部会の冒頭に理事長から発言を求め、自由宣言の確認について協会の意向を表明することにした(123)。

ところで、県立山口図書館はJLAに施設会員として加盟しているにもかかわらず、村瀬館長は、協会の依頼に対して「報告書を書くことができない」と断り、十月の全国図書館大会にも出席していない。これはどういうことだろうか。なぜ、JLAは強く要請できなかったのか。その結果、全国図書館大会は、村瀬館長欠席のまま進められた。事件の報告はなくなり、大会参加者に「暗い影を投げかけた」ようだ。

大会三日目の全体会議では、第一部会の公共図書館部会が「自由宣言」の再確認を提案している。シナリオどおりの論議の一部である。

議長（森耕一）　四番目、図書館の自由の問題です。

本年度の大会での取り扱いは、これを再確認し、図書館を利用する市民、住民に対して、われわれはこういう宣言、こういう精神で今後行動していくんだという、そして、あやまちをおかすことのないようにという決意を利用者である市民に対しても表明するということだと思います。

この点についてどなたかご質問なりご意見ございましょうか。これは重要な問題だと思います。

村上清造（富山）　第一部会でそういう確認が出ましたが、どういう理由によって今大会でそれをお出しになったのか、聞かしていただきたい。

議長（森）　いかがでございましょうか。第一部会のほうから多少ご説明願えましょうか。

竹田〔俊二〕　（略）結局、第一部会のテーマは住民参加による新しい図書館づくりということは、住民の信頼にこたえ得るような図書館でなくてはならない。（略）そういうことを論じ合っている中で、われわれ図書館人として自覚を持つべきであるというようなことからこの決議が一応採択されたというふうに私は感じとったわけでございます。

村上　具体的にどういうことがあってそういうお話が出たのか、具体的にひとつ。

竹田　ことしになってからですけれども、ある新聞に出たわけです。図書館の自由に関連する問題が。しかしながら、まだこれは協会のほうでいろいろお調べになっておるというふうなことで、ほんとうの真実は何であるかということはまだわからないわけでございます。

議長（森）　協会のほうで多少とも加えていただくことがありましょうか。

叶沢協会事務局長　ある県立図書館と申し上げておきましょう。そこで特定の図書が開架閲覧の書架の中から消えて、書庫の中に梱包されていたという事態が起こった。これが新聞の報道であります。協会としては正確なものを得たいという、その図書館長さんに報告を出してもらうよう要請しております。しかし、その県自体の中でたいへんな問題になっておりましたし、なかなか解決しにくい、ようやく最近ある種の解決点が見出されてきたんじゃないだろうかということで、これは近いうちに報告が参ると思いますし、この問題については『図書館雑誌』の十一月号にはっきり協会としては記事として出す予定になっております。

結局、基本的な人権の問題に関わるたいへんな問題でありますので、しかも、それは基本的人権は図書館の仕事のうえでも、あるいは図書館人そのものにも、その両方に基本的人権の問題がからまっておりますから、非常に慎重に行わなきゃいけない。こういう大会という公的なところで具体的な名前まで挙げることは一切避けたいと思います。（略）

村上　（略）どうしてもこれは、だれも言わなければ言わなくちゃいかぬと思いまして発言したのでございまして、ただ単に確認だけではいけない、これは根が非常に深いと私は思います。ここで申しませんが、どうか確認だけでなくてこの問題は非常に重要な問題だから、継続的にこの問題の処理に当たっていただきたい。ときによっては裁判問題にもなるんではないかと私は思います。

そこまで徹底的にひとつやっていただかないと、日本の将来に大きな影響を与えるものと私は確信いたします。

どうか満場の諸君、日本の将来のためにこの問題を軽視されないように、皆さんご賛成のことと思いますが、拍手をお願いいいたします。

議長（森）　いまの村上さんのご発言は、決して反対ということではない。むしろ非常に強い調子で支持されたのだと思います。われわれはこういう大きい会ですから、ご存じない方に対してまではっきりと具体的に申し上げかねているわけですけれども、そういう報道があったのは事実でありますし、そういう事件のあるごとに確認し合うということで進めていきたいと思います。

村上さんの締めくくりのご発言に対して拍手も多かったことがご支持だと思います。これでこの問題を終わってよろしゅうございますか。（拍手）[124]

翌年二月の「図書館雑誌」の大会記録「全体会議」報告では、JLAの常務理事・浪江虔が、館長に出席してもらい、「事実を事実として報告し、反省と今後の決意とを率直にかつ力強くのべてくれれば、まことにスッキリした結末」になったのではないかと書いている。それは、事件を知っていた参加者の共通の思いでもあったにちがいない。出席がなかったせいで「欠席裁判のような形になるのを避けようとする配慮」がはたらいたのか、「まことに歯切れの悪い論議」になってしまっている。[125]

前述したように、村瀬館長は前社会教育課長で、県議会でも取り上げられた同和教育副読本の回収・廃棄の件で責任者として訓告を受けている。にもかかわらず、館長職に就いている。このことからも、県教育行政の、内部では無批判になれあい、外部に対しては一切批判を受け入れないという、独善的で無責任な体質をうかがうことができるだろう。もちろんこの人事の裏には政治的意図があったとみるべきだろうが、常識では考えられない対応である。あわせて、不祥事のたびにみられた県教育行政の隠蔽体質が、事件発覚後の対応の不手際をもたらし、それらのことがあいまって「図書館の自由」問題を大きくしたことは否めないだろう。しかし、村瀬館長への処分は、「部下の指導監督不十分」という理由での「文書訓告」だけだった。

さらに驚くことには、その村瀬館長は、この年の五月にＪＬＡ定期総会で中国地区の代表理事に推薦され承認を受けている[126]。事件発覚の三カ月前のことである。この事実は意外に知られていない。ＪＬＡとして理事に承認された直後に蔵書隠匿事件が起きたのだから、不運としかいいようがない。ＪＬＡとしても対応したくてもできなかったのだろう。つまり、ＪＬＡが理事に任命したからには、よほど重大な過失がないかぎり、村瀬理事に辞任を迫ることはできないのだ。一般的に官僚制組織というものは、そういうものだろう。それに、就任したばかりの館長や県幹部、ＪＬＡ幹部らの意向も尊重しなければならないから、いよいよ難しい。

いまひとつ、ＪＬＡと県立山口図書館との間には、気がかりなことが横たわっていたのである。それは、翌年一月の全国公共図書館奉仕部門研究集会の件である。ＪＬＡと山口県教育委員会、山口図書館協会共催で十七・十八日の両日、同館を会場に開催が予定されていた。事件が起きたからといって、開催を中止したり会場を変更したりすることは避けたい。なんとか混乱が生じないように対策を立てなければならない。現実は動かしようがないだけに頭が痛い。大会の研究テーマは、「図書館活動の分化と統合——都道府県立、市町村立図書館の機能を中心として」だから、なおさらだろう。県教育委員会と図書館は、蔵書隠匿事件が年内にすべて落着できればと祈るような気持ちだったかもしれない。暮れに行政処分が発表されたので、その意味では、心の余裕をもって全国公共図書館研究集会の準備にいそしむことができたのではないか。

こうした推移からすれば、ＪＬＡと村瀬館長とは、事件発生直後から水面下でやりとりしていたとみていいだろう。全体会議での叶沢協会事務局長の発言は、その存念あってのものと考えられる。それを踏まえるなら、ＪＬＡの態度が曖昧で非難されるのは当然である。

ちなみに研究集会は、研究テーマ「図書館活動の分化と統合」をめぐって、貸出図書館と参考図書館、あるいは第一線・第二線の機能分担について、あらためて考えるというものだった[127]。参加者は百八十九人。『昭和48年度公共図書館奉仕部門研究集会報告』では、シンポジウム、分科会など二日間にわたって活発な意見交換がみられたが、事件については触れられた様子はない。大阪市内の図書館から参加していたＵ氏に記憶をたぐり寄せてもらったが、もともと事件が職場で話題になったかどうかさえ定かでないし、研究集会参加者の間でもそんな議論はなかったという。箝口令が敷かれていた可能性さえ疑ってみたくなる。研究集会の司会は、ＪＬＡの北島武彦東京学芸大学助教授が務めた。助言者を務めたのは、東京大学教授・裏田武夫、ＪＬＡ総務部長・菅原峻である。県立山口図書館からは事件関係者である村瀬館長はじめ、渡辺秀忠、升井卓弥、阿部葆一ら職員全員が参加している。これではＪＬＡの「対処の仕方が鈍く、各方面から態度不明確」と指摘されても仕方がない。

結局、村瀬館長がＪＬＡに事件の経過報告に訪れたのは、一九七四年二月二十九日の常務理事会だった。[128]「図書館雑誌」一九七四年五月号の協会通信では、同館長の報告は「〝山口図書館の資料事故について〟というもので、〝意図的に封印するとか隠匿するというものでなかった〟とのことである」から、常務理事会としては、「これ以上何も言うことはできないという態度であることになった」としている。常務理事会の議事録をみても、理事・森崎震二が事業計画案の質疑のなかで、「協会としてその後、何らの態度表明もない。大会で十一月号の図書館雑誌に報告すると発表されたので、期待していたが、何も掲っていない」と述べ、「言論の自由に関し国民が敏感になっている折から協会としての態度表明はぜひ必要[129]」と要望しているのが目につく程度である。

また、評議員会でも、参加者のなかから、全国図書館大会の決議には館界としての配慮もあっただろうが「協会として意思表明すべきだ」との声があがったものの、とくに立ち入った議論になったわけでもなかったようで、協会としての意思はうやむやのまま手打ちがおこなわれ、これをもって事件の決着が図られたということだろう。

もっとも、村瀬館長の常務理事会出席の目的は、事件の経過報告と、表向きには全国公共図書館奉仕部門研究集会の報告をかねてのお礼の挨拶だったと考えられる。事件の責任をとって理事を辞任する考えを示したにちがいない。

村瀬館長が「図書館雑誌」に「山口図書館の資料事故について」と題して、経過の概要を報告したのは、それからしばらくしてからだった。

昨年の八月末、四十～五十冊の資料が利用者から請求があるまでの約一か月間、書架から抜かれて別置されたままになっていた事故がありました。もちろん、意図的に封印するとか隠匿するとかいうようなものではなく、事後処理の遅滞による事故なのですが、事情説明等不十分で事後の措置に適切さを欠き、図書館運営について県民をはじめ図書館関係の方々にも多大の疑惑と不信の念を抱かせる結果となり、心から申し訳なく思っております。（略）
図書館としては、基本的人権の一つとして「知る自由」を持つ住民に、資料を提供するという使命の重大さについては充分留意して運営してきたところでありますが、今回の事故を契機として更にその自覚をあらたにし、今後、組織運営面について慎重に分析検討を重ね、民主的運営を確立、図書選択委員会の機能の刷新等を図り、新図書館に対する県民の信頼と期待にこたえるよう最善の努力を払いたいと考えております。(130)

このようにして、ＪＬＡは、県立山口図書館の責任を問うかわりに、村瀬館長の説明を信じることで紛糾する事態を収拾しようとしたのである。もはや、ＪＬＡには、市民の「知る自由」を侵害した県立山口図書館の責任を問う意思などなかったにちがいない。厳しい言い方をすれば、図書館界内部の問題だけに及び腰になっていたといえるのではないか。
いずれにせよ、ＪＬＡは、憲法によって保障された「表現の自由」を最大限に尊重し、図書館・図書館員の萎縮を招かないように、この事件に対する基本的態度を表明すべきだった。しかし、議論されたのは、事態に対する県立山口図書館の対応ばかりであり、形式的・技術的な手続きを俎上に載せたにすぎない。会員は、その悠長なやりとりをもどかしい思いでみているよりほかはなかった。ＪＬＡの議論では、図書館の使命が市民の資料要求に応えることであることや県立山口図書館が「知る権利」や「表現の自由」を保障するという社会の期待を裏切ったこと、これらの肝心なことがそっちのけにされていたといえる。議論の大半は、図書館の自由に関する常置委員会の設置をめぐる技術論にすり替えられた。あげくのはて常置委員会の設置は、常務理事会、理事会の討議を経て三月の評議員会に提案されたが、直ちに結論まで得られず、図書館の自由委員会設置検討委員会を設けて検討することで終わっている。ＪＬＡが、検討委員会の報告に基づいて、「利用者の読書と調査の自由をまもり、ひろげる責務を果たす」ために、「図書館の自由に関する調査委員会」の設置を決めたのは、その年の秋十月のことだった。

ここまで、県立山口図書館蔵書隠匿事件の発生から、それを契機にＪＬＡ内に「図書館の自由に関する調査委員会」が設置されるまでをみてきたが、その経緯は責任をとる者がいない行政組織の末期的な症状とよく似ている。ＪＬＡと村瀬館長（県立山口図書館）との交渉が遅々として進まなかったのは、両者が本気で取り上げる気がなかったことを示している。「やっぱり、そういうことか」と思わせるような、言い訳がましい発言や記事を雑誌・新聞に載せるなどして、慎重な政治的配慮を怠らない両者の対応は、ある意味で典型的な官僚制組織のそれである。蔵書隠匿事件が県立山口図書館とＪＬＡの本質をさらけ出してしまったといえるだろう。どちらも権威と権力に弱いし、公共性・独立性・自律性が保障されていない。

その組織構造ゆえに、専門職としての行動規範を遵守できなかったと考えられる。もっとも、一九七〇年代の県立山口図書館には、地方公務員としての職業倫理はあっただろうが、専門職としての倫理綱領を提示するまでには至っていない。いや、提示できなかった。ＪＬＡが「図書館員の倫理綱領」を決議したのは、一九七九年改訂「自由宣言」採択後のことである。蔵書隠匿事件は起こるべくして起きた事件といえる。

おわりに

県立山口図書館蔵書隠匿事件は、一九五四年採択の「自由宣言」の理念に専門職が抵触し、利用者から「知る権利」を侵害したとして訴えられるという、図書館界が初めて直面した事例である。

本章ではその事件の底に流れている「中立性」と「公序良俗」という「モノサシ」の思想的位相をたどり、その組織構造の病理を検証し、批判的に考察した。

なお、ＪＬＡの前身は日本文庫協会（一八九二年設立）である。一九〇八年（明治四十一年）に改称されて日本図書館協会になった。初めての図書館の単独法である図書館令が公布されたのは一八九九年（明治三十二年）で、館長は地方長官に任命され、文官として君臨した。

こうした教育の近代化のなかで、政府・文部省が重要視したのが読書の教育的意義を国体化することにほかならなかった。その原初の形態が、「示諭ノ事項」の「善良ノ書籍ハ乃チ善良ノ思想ヲ伝播シ」の理念である。それは戦後の図書館にも影響を与えていて、図書館は良書主義を捨てられずにいる。

蔵書隠匿事件についての関心の的は二つあった。一つには、専門職である課長が市民の「知る権利」を奪った動機。もう一つが「自由宣言」の理念を知りながら、「自主規制」に手を染め、なおかつ排除の論理（モノサシ）に「図書館の中立性」「公序良俗」という概念を用いた、その思想的出自である。

関心の的の二つ目については、「自主規制という名の検閲」は、明治中期の読書の意義を重視した文教政策のなかで生育し、警察権力の肥大化にともない増殖してきた「排除の論理」であることが明らかになった。これからも、「不当でない検閲」と同じ概念として、人々の心の片隅に存在しつづけるだろうと感じている。この事件の深層は、筆者にはとうていまとめきれない底知れない問いと悟った。

図書館と検閲との闘いは古くて新しい問題といわれる。蔵書隠匿事件は、すべての図書館に根強く張り巡らされている「自主規制という名の検閲」の病理的現象の一つだったにすぎない。

おそらく、この事件に関わった一人ひとりは善良な図書館員であったにちがいない。しかし、知事の視察を前に、各人が個人的には自主規制はよくないと考えながらも、保身のために伝統的な倫理観に引かれて道を踏み外してしまったのだろう。いくらすぐれた収集方針や選択基準が存在していても、それに基づいて価値判断する立場の図書館員の裁量が容認されるかぎり、「安全第一主義」の原則は崩れない。

これ以後、図書館界では「自主規制という名の検閲」を回避できるかどうかが問われていくことになるのだが、そのような病理的現象に陥らない盤石な規範を提示するのは思うだに難しい。

ただ、ふたたび「自由宣言」の「旗」が引きずり下ろされないようにするためにも、ＪＬＡは「図書館員の倫理綱領」の遵守を呼びかけ、その使命感や社会の期待と信頼に応える行動規範を示す必要があるのではないか。おそらく、そう理解しなければ、一九七〇年代の「知る権利」の侵害も、ひいては「自主規制という名の検閲」の病理的現象も、氷山の一角として、また立ち現れてくるだろう。

注

（1）鶴見俊輔／上野千鶴子／小熊英二『戦争が遺したもの――鶴見俊輔に戦後世代が聞く』新曜社、二〇〇四年、二〇―二一ページ

（2）東大全学助手共闘会議編／渡辺眸撮影『東大全共闘――われわれにとって東大闘争とは何か』三一書房、一九六九年、七九ページ

（3）石井敦／前川恒雄『図書館の発見――市民の新しい権利』（ＮＨＫブックス）、日本放送出版協会、一九七三年、一五ページ

（4）家永三郎『教科書裁判』日本評論社、一九八一年、一三八ページ（東京地方裁判所、一九七〇年七月十七日判決）

（5）①「図書館課長が勝手に隠す 山口県立図書館 反戦書など五十冊「特定思想、好ましくない」と」「毎日新聞」（山口版）一九七三年八月二十九日付

②河井弘志「山口図書館問題と図書館界内外の動き――現代図書館思想史の一資料として」、日本

図書館協会図書館の自由に関する調査委員会編『図書館と自由をめぐる事例研究 その1』(「図書館と自由」第二集)所収、日本図書館協会、一九七八年、五―六ページ(初出:中部図書館学会編「中部図書館学会誌」第十七巻第三号、中部図書館学会、一九七六年、三五―四五ページ)。「赤旗」はこの事件を「図書封印事件」と呼び、新聞報道では「隠す」「隠匿」「別置」「放置」などの語が用いられている。河井はそれらを整理して「図書抜き取り放置事件」とする。

③日本図書館協会図書館の自由に関する調査委員会「山口県立図書館図書抜き取り放置事件」、日本図書館協会図書館の自由に関する調査委員会編『図書館の自由に関する事例33選』(「図書館と自由」第十四集)所収、日本図書館協会、一九九七年、五二―六〇ページ

④林健二「暗い時代への予徴――『好ましくない本』五四冊課長が隠す」、日本図書館協会図書館の自由に関する調査委員会編『「図書館の自由」に寄せる社会の期待』(「図書館と自由」第六集)所収、日本図書館協会、一九八四年、二九―三二ページ(初出:「人間であるために」第八号、山口信愛会、一九七三年、一―六ページ)

⑤升井卓弥『人と本で語る私の山口図書館史』升井卓弥、一九九三年、一三五ページ

⑥日本図書館協会編『近代日本図書館の歩み 地方篇「山口県」――日本図書館協会創立百年記念』日本図書館協会、一九九二年、六三一ページ。執筆者・升井卓弥は、「七三年八月二十八日近代日本、県立山口図書館で大変な事件が発覚した。世にいう図書隠匿事件である。七月二十三日の新館開館の前日、開架図書のなかから数十冊のどぎつい書名の図書を二課長が抜き、書庫に移した。この自主規制が利用者の請求であらわになった。この事件は九月県議会での野党議員の糾弾で、混乱はその極に達した。(略)山口図書館のこの事件は全国図書館界に大変な衝撃を与え、七九年五月三十日の『図書館の自由宣言』改訂の引き金となった」と書いている。

⑦門哲「県立山口図書館の図書隠匿事件を追う」「マスコミ市民――ジャーナリストと市民を結ぶ情報誌」第七十六号、マスコミ市民フォーラム、一九七三年。山口県教育記者クラブ（十二社）所属の記者が林牧師の依頼を受けて「まさか？　信じられない」という突飛な事件を取材調査した。

（6）山口県立山口図書館編『昭和48年度　山口県立山口図書館年報』山口県立山口図書館、一九七四年、一ページ

（7）「管理職が勝手に隠す　思想偏向の本貸せぬ」「朝日新聞」（山口版）一九七三年八月二十九日付

（8）「管理職が隠す〝好ましくない本〟五十四冊」「読売新聞」（山口版）一九七三年八月三十日付

（9）前掲「暗い時代への予徴」

（10）「スッキリせぬ動機　事実経過のみ発表」「防長新聞」一九七三年九月二十一日付

（11）升井卓弥／樹下明紀監修「図書抜き取り放置事件による図書館の変動」、山口県立山口図書館100周年記念誌編集委員会編『山口県立山口図書館100年のあゆみ――山口県立山口図書館開設100周年記念誌』所収、山口県立山口図書館、二〇〇四年、八四―八五ページ

（12）山口県議会編『山口県議会史　昭和40年至昭和50年』山口県議会、一九九六年、八九七―八九八ページ

（13）同書八九五ページ。青木英一の発言。

（14）同書九〇二―九〇三ページ

（15）「県議会一般質問」「防長新聞」一九七三年十月八日付

（16）「県議会一般質問」「山口民報」一九七三年十月七日付

（17）前掲『山口県議会史　昭和40年至昭和50年』九〇九―九一〇ページ。なお、「同和教育副読本」問題とは、県教育委員会が発行して各学校に配布した中学生用の同和教育テキストに、ある著作からの盗

用・改竄が認められるとして、回収格納された事件を指す。
(18) 佐野眞一『旅する巨人――宮本常一と渋沢敬三』(文春文庫)、文藝春秋、二〇〇九年、三六六ページ
(19) 阿部葆一「山口図書館の『図書封印事件』と『図書館の自由』」、播磨信義編著『続・憲法をいかす努力――平和と自由と平等を守る人々の記録』所収、四季出版、一九八八年、一五三―一九七ページ
(20) 同書一六七ページ
(21) 同書一七六―一七七ページ
(22) 図書館が隠匿した図書リストを発表したのは九月一日だが、原資料は入手できなかったので、以下の文献に基づいて、リストを作成している。林英夫「最近における一連の表現の自由侵害事件」「歴史学研究」第三百四号、績文堂出版、一九七四年、五二―五三ページ。ここに掲載されているのは、図書館側発表のリスト四十三冊である(前掲『「図書館の自由」に寄せる社会の期待』二九―三二ページ)。前掲「暗い時代への予徴」三二ページ
(23) 前掲「県立山口図書館の図書隠匿事件を追う」五〇ページ
(24) 前掲「最近における一連の表現の自由侵害事件」五二―五三ページ
(25) ①「会報」第百四十四号、図書館問題研究会、一九七三年、七九―八〇ページ、②第20回図書館問題研究会全国大会記録編集委員会「第20回図書館問題研究会全国大会記録 第六分科会」、③第20回図書館問題研究会全国大会記録編集委員会編『〝あたえられた図書館〟から〝つくりだす図書館〟へ――第20回図書館問題研究会全国大会記録』(日本の公共図書館)所収、図書館問題研究会、一九七三年、五七ページ
(26) 阿部葆一「「われわれの自由」への道」(ある図書館員の生活と意見)「図書館雑誌」第五十九巻第

一号、日本図書館協会、一九六五年、一八―一九ページ
(27)「平成十七年七月十四日最高裁判所第一小法廷判決文」「判例時報」第千九百十号、判例時報社、二〇〇六年、九四―九九ページ
(28) 植村新策「図書封印事件の背後にあるものは(上)」「山口民報」一九七三年十月七日付
(29) 清水伸『帝国憲法制定会議』岩波書店、一九四〇年、八七―九一ページ
(30) 外山正一『藩閥之将来――附・教育の大計』博文堂、一八九九年、二〇、一二二ページ
(31) 丸山真男『日本の思想』(岩波新書)、岩波書店、一九六一年、三六ページ
(32) 辻新次「図書館ニ関スル論説」、『図書館管理法』(復刻図書館学古典資料集)所収、日本図書館協会、一九七八年、三七―四四ページ
(33) 教育史編纂会編『明治以降教育制度発達史』第三巻、教育資料調査会、一九三八年、一二八ページ
(34) 石井敦「解題」、田村盛一、山口県立山口図書館編『初代館長佐野友三郎氏の業績』(復刻版)所収、山口県教育財団、一九八三年、一ページ
(35)『文部省第三十九年報』文部省、一九一一年、二八八ページ
(36) 永末十四雄『日本公共図書館の形成』日本図書館協会、一九八四年、九三ページ
(37) 前掲『図書館の発見』一六二―一六三ページ
(38) 教育史編纂会編『明治以降教育制度発達史』第六巻、教育資料調査会、一九三八年、二〇七―二一〇ページ
(39) 松村由利子『ジャーナリスト与謝野晶子』短歌研究社、二〇二二年、四〇―四一ページ
(40) 田村盛一『山口図書館五拾年略史』山口県立山口図書館、一九五三年、七八ページ
(41) 同書七〇ページ

(42) 同書七三ページ
(43) 文部省編『学制百年史 資料編』帝国地方行政学会、一九七二年、三五―三六ページ
(44) 前掲『山口図書館五拾年略史』四四ページ
(45) ①「官報」第八千一号、一九一〇年二月二十六日、五一七ページ、②「図書館施設ニ関スル訓令」「図書館雑誌」第八号、日本図書館協会、一九一〇年、三三―三四ページ
(46) 前掲『日本公共図書館の形成』一一二ページ
(47) 小松原英太郎君伝記編纂実行委員会編『小松原英太郎君事略――伝記・小松原英太郎』（伝記叢書）、大空社、一九八八年、一〇九―一一一ページ
(48) 「文部次官通牒」一九一〇年八月一日付、「社会新聞」一九一〇年九月十五日付
(49) 「明治四十三年度総会」「図書館雑誌」第十一号、日本図書館協会、一九一〇年、五七ページ
(50) 前掲『山口図書館五拾年略史』七三―七四ページを参照、「山口県図書館協会総会」「図書館雑誌」第十二号、日本図書館協会、一九一一年、四八―四九ページ
(51) 佐野友三郎「通俗図書館の経営」（「山口県立山口図書館報告集」第二十号）、山口県立山口図書館、一九一五年、九ページ
(52) 前掲『山口図書館五拾年略史』一三九ページ
(53) 同書一四四―一四六ページ
(54) 前掲『近代日本図書館の歩み 地方篇』六二八―六二九ページ
(55) NHK山口放送局編『NHK記者のみた山口県のこの10年の記録――1970～79』白藤書店、一九八〇年、六一―一〇ページ
(56) 有山崧「破防法」（Editorial Forum）「図書館雑誌」第四十六巻第七号、日本図書館協会、一九五二

年、一九一ページ
(57) 戦後日本教育史料集成編集委員会編『戦後日本教育史料集成 第四巻 再軍備と教育の中立性』三一書房、一九八三年、一七四―一九三ページ。教育二法とは、「教育公務員特例法の一部を改正する法律」ならびに「義務教育諸学校における政治的中立の確保に関する臨時措置法」のこと。趣旨は、教育に対して外部から不当な支配力を及ぼすことなく、教育者の良心に従い良識に基づいて、教育がのびのびとおこなわれることを希望するものである。
(58)「図書館の抵抗線・中立についての意見――誌上討論会1」「図書館雑誌」第四十六巻第十号、日本図書館協会、一九五二年、六―一六ページ、「図書館雑誌」第四十六巻第十二号、日本図書館協会、一九五二年、一三―二〇ページ、「図書館雑誌」第四十七巻第二号、日本図書館協会、一九五三年、一〇―一四ページ
(59) 斎藤毅「学芸 図書館の中立性」「朝日新聞」一九五二年十一月二十日付
(60) 有山崧「火中の栗をいかにすべきか」「図書館雑誌」第四十八巻第五号、日本図書館協会、一九五四年
(61)「第7回全国図書館大会・第8回日本図書館協会総会議事録」「図書館雑誌」第四十八巻第七号、日本図書館協会、一九五四年、二二四―二二五ページ
(62)「採択されなかった副文」「図書館雑誌」第四十八巻第六号、日本図書館協会、一九五四年、二二〇―二二一ページ
(63) 清水英夫「25年ぶりの『図書館の自由』宣言」「朝日新聞」一九七九年七月三日付夕刊
(64) 伊藤峻「出版・言論の自由問題と公共図書館」「月刊社会教育」一九七〇年五月号、労働旬報社、四七ページ

(65)前掲「会報」第百四十四号、七九―八〇ページ
(66)美作太郎「読む自由と図書館〈出版法制ノート18〉」「出版ニュース――出版総合誌」一九七三年十月中旬号、出版ニュース社、二六ページ
(67)山下信庸『図書館の自由と中立性』鹿島出版会、一九八三年、二〇ページ
(68)前掲「山口県立図書館図書抜き取り放置事件」二五四ページ
なお、読者は、「自由宣言」の全文を目にする機会がなかなかないと思われるので、ガイドブックを紹介しておこう。日本図書館協会図書館の自由委員会編『「図書館の自由に関する宣言　一九七九年改訂」解説　第3版』日本図書館協会、二〇二二年
(69)前掲『図書館の発見』二三ページ
(70)松本暉男「「公序良俗の原則」の制度的機能――民法第九〇条への法社会学的接近」「法社会学」第十三号、日本法社会学会、一九六二年、一〇〇―一〇六ページ
(71)「『文部省示諭』の概略」、国立教育研究所第一研究部教育史料調査室編『学事諮問会と文部省示諭』(「教育史資料」第一巻)所収、国立教育研究所、一九七九年、二ページ
(72)同書五―六ページ
(73)同書一六―二五ページ
(74)文部省編『文部省示諭』文部省、一八八二年、二三〇―二三一ページ(東書文庫所蔵)
(75)前掲『日本公共図書館の形成』六五ページ
(76)前掲「第7回全国図書館大会・第8回日本図書館協会総会議事録」二三九ページ、鈴木賢祐の発言。
(77)前掲「山口図書館問題と図書館界内外の動き」五―六ページ
(78)前掲「第7回全国図書館大会・第8回日本図書館協会総会議事録」二三六ページ

(79)同記事二二五ページ
(80)裏田武夫「図書館員の立場」「図書館雑誌」第四十七巻第六号、日本図書館協会、一九五三年、一二八ページ
(81)三島誠也「現下の出版物取締に就いて」、安野一之監修・解題『出版警察史――検閲・発禁関係資料集 別巻』(文圃文献類従)所収、金沢文圃閣、二〇二一年、五七―六三ページ
(82)奥平康弘「戦前における検閲制度小史」『表現の自由I――理論と歴史』(東京大学社会科学研究所研究叢書)、有斐閣、一九八三年、一六〇―一六三ページ
「わが国特有の中央集権的警察組織の下で、内務大臣―警保局長―地方長官―警察部長―保安課長(特高課長)―警察署長―巡査、あるいはより端的には、警保局長―保安課長(特高課長)の密接な連繋の下で、地方末端警察が現実に発売頒布禁止(仮)処分を行い、事後形式的に内務大臣の追認による命令書が交付されるということは、日常の慣行でありえたのである」として、一九三五年時点の出版警察当局によって定式化された「安寧秩序冒瀆」の「一般的標準」(極秘扱い)を示している。
(83)川島武宜『日本人の法意識』(岩波新書)、岩波書店、一九六七年、四九―五一ページ
(84)小尾範治「第二十二回全国図書館大会記事」「図書館雑誌」第二十三巻第一号、日本図書館協会、一九二九年、二四―四五ページ
(85)同記事三二ページ
(86)同記事三三―三四ページ
(87)清水正三編『戦争と図書館』(昭和史の発掘)、白石書店、一九七七年、五七ページ
(88)永山時英「思想善導と図書館」「図書館雑誌」第二十三巻第四号、日本図書館協会、一九二九年、一〇四ページ

(89)山本悠三『近代日本の思想善導と国民統合』(歴史科学叢書)、校倉書房、二〇一一年、一五ページ
(90)大滝則忠「初期アメリカ図書館員の検閲観〔I〕」、「参考書誌研究」第十七号、国立国会図書館、一九七九年、六―一〇ページ
(91)日本図書館協会図書館の自由に関する調査委員会編『「図書館の自由に関する宣言 一九七九年改訂」解説』日本図書館協会、一九八七年、三五ページ
(92)日本図書館情報学会用語辞典編集委員会編『図書館情報学用語辞典 第4版』丸善出版、二〇一三年、九〇ページ
(93)松本剛『略奪した文化――戦争と図書』岩波書店、一九九三年、二〇六―二〇七ページ
(94)千代田区編『千代田図書館八十年史』千代田区、一九六八年、二三二―二四〇ページ
(95)前掲『山口図書館五拾年略史』一三三―一四〇ページ
(96)前掲『略奪した文化』二二五ページ
(97)原寿雄『ジャーナリズムの思想』(岩波新書)、岩波書店、一九九七年、七四―七八ページ
(98)「図書館問題を追及」「山口民報」一九七三年十月七日付
(99)ルイーズ・S・ロビンズ『検閲とアメリカの図書館――知的自由を擁護するアメリカ図書館協会の闘い 1939―1969年』川崎良孝訳、日本図書館研究会、一九九八年、一三一―一四三ページ
(100)L・アイシャイム「検閲ではなく選択を」、メアリー・ダンカン・カーター/ジョン・ウォーレス・ボンク『蔵書の構成』所収、小野泰博訳、日本図書館協会、一九六四年、二〇九―二一九ページ
(101)W・ゲルホーン『言論の自由と権力の抑圧』猪俣幸一/鵜飼信成/橋本公亘/和田英夫訳(岩波現代叢書)、岩波書店、一九五九年、五〇―五六ページ
(102)「悪徳の栄え」事件。「最高裁判所刑事判例集」第二十三巻第十号、最高裁判所、一九六九年、一二

三九ページ
(103) ①奥平康弘「知る権利」『表現の自由Ⅱ――現代における展開』(東京大学社会科学研究所研究叢書)、有斐閣、一九八四年、二九〇―三五八ページ(初出:奥平康弘「「知る権利」の法的構成」、有斐閣編「ジュリスト」一九七〇年五月号、有斐閣)、②「「知る権利」のもつ意味」(初出:奥平康弘「「知る権利」のもつ意味」「マスコミ市民――ジャーナリストと市民を結ぶ情報誌」第六十五号、マスコミ市民フォーラム、一九七二年)、③「現代社会と知る権利」(初出:石村善治/奥平康弘編『知る権利――マスコミと法』〔有斐閣選書〕、有斐閣、一九七四年、第一章ほか)、資料「〝知る権利裁判〟この一年――初公判から結審まで」、前掲「マスコミ市民」第七十六号
外務省沖縄密約漏洩事件では、毎日新聞社の西山太吉記者が逮捕されると、新聞各紙は「知る権利どうなる」と報じ、国会でも「国民の〝知る権利〟は憲法レベルの保障をもち、これは侵されてはならない。報道の使命による取材活動は、公共の福祉に反しない限り保障されている」と論じられる。
(104) 基本的人権の保障に関する調査小委員会『「公共の福祉(特に、表現の自由や学問の自由との調整)」に関する基礎的資料(衆憲資第46号)』衆議院憲法調査会事務局、二〇〇四年、一五ページ
(105) 松井久子「日本国憲法改正草案(自由民主党:平成24年4月27日決定)」『読む 不思議なクニの憲法』エッセン・コミュニケーションズ、二〇一七年、一二六―一四七ページ
(106) 芦部信喜、高橋和之補訂『憲法 第五版』岩波書店、二〇一一年、一七五ページ
(107) 奥平康弘『表現の自由とはなにか』(中公新書)、中央公論社、一九七〇年、一二一ページ
(108) 図書館の自由に関する調査委員会編『図書館の自由に関する宣言 一九七九年改訂』日本図書館協会、一九七九年、四八ページ
(109) 堀部政男「図書館法の法学的検討」、日本図書館協会編『図書館法研究』所収、日本図書館協会、

一九八〇年、一二七ページ
(110) 前掲『日本人の法意識』六〇ページ
(111) 青木英一『残映 ある教師の記録』条例出版、一九七八年、二五〇―二五三ページ。同書には、「図書館図書隠匿事件」と題し、事件の経緯などに関する新聞記事(「中国新聞」「朝日新聞」「毎日新聞」)の一部を所収している。
(112) 前掲『人と本で語る私の山口図書館史』一三九―一四〇ページ
(113) 前掲「暗い時代への予徴」三一ページ
(114) 吉田久江「衝撃うけた山口問題」、前掲「会報」第百四十四号、八三ページ
(115) 塩見昇「『県立山口図書館の図書隠匿事件を追う』を読んで」「マスコミ市民――ジャーナリストと市民を結ぶ情報誌」第七十八号、マスコミ市民フォーラム、一九七四年、五一ページ
(116) 前掲『山口県議会史 昭和40年至昭和50年』九四一―九四二ページ
(117) ①「整備課長ら四人処分 進歩的図書隠匿事件」「読売新聞」一九七三年十二月二十六日付、②「整備課長を懲戒処分 館長ら三人は文書戒告」「朝日新聞」一九七三年十二月二十六日付、③「館長、整備課長ら処分 山口県立図書館 進歩的本の隠匿で」「毎日新聞」一九七三年十二月二十六日付
(118) 林健二「現代の焚書――山口県立図書館の本かくし事件その後」三五―三六ページ(初出:「人間であるために」第九号、山口信愛会、一九七四年)
(119) 前掲「山口図書館問題と図書館界内外の動き」一二ページ
(120) 同論文一一―一三ページ
(121) 「協会通信」「図書館雑誌」第六十七巻第十号、日本図書館協会、一九七三年、四七五ページ
(122) 「協会通信」常務理事会、「図書館雑誌」第六十七巻第十一号、日本図書館協会、一九七三年、五二

三ページ
(123) 同記事五八六ページ
(124) 昭和48年度全国図書館大会実行委員会事務局編『全国図書館大会記録 昭和48年度』日本図書館協会、一九七四年、六一―六二ページ
(125) 浪江虔「全体会議閉会式――図書館の自由・望ましい基準」「図書館雑誌」第六十八巻第一号、日本図書館協会、一九七四年、三一ページ
(126) 「昭和48年度定期総会議事録」「図書館雑誌」第六十七巻第八号、日本図書館協会、一九七三年、三四八ページ
(127) 『昭和48年度公共図書館奉仕部門研究集会報告』一九七四年、二一―三六ページ
(128) 「協会通信」常務理事会、「図書館雑誌」第六十八巻第五号、日本図書館協会、一九七四年、一七九ページ
(129) 「理事会 一九七四年二月二十八日 議事録」、同誌一八一―一八五ページ
(130) 村瀬和徳「山口図書館の資料事故について」、前掲「図書館雑誌」第六十八巻第五号、一六一ページ

第2章　自主規制という名の検閲
――富山県立図書館『図録』事件を通して

はじめに

一九九八年十二月十六日、富山地方裁判所は、昭和天皇の肖像写真を用いた大浦信行の版画作品『遠近を抱えて』を富山県立近代美術館が非公開にして売却、同展示図録『富山の美術1986』（富山県立近代美術館編、富山県立近代美術館、一九八六年。以下、『図録』と略記）を焼却したことをめぐって争われてきた富山県立近代美術館事件・国家賠償訴訟について、公開しなかったのは「違法」であり、天皇の肖像権の侵害については「認められない」とする判決を言い渡した。

富山地方裁判所は、富山県立近代美術館が、「正当な理由なくその利用を拒否するときは、憲法の保障する知る権利を不当に制限することになる」と明確に判示し、本件作品が、「昭和天皇のプライバシーの権利や肖像権を侵害するとか、その疑いがあるとは認められない」とした。また、作品を売却し『図録』を焼却したことについては美術館の「裁量の範囲」と退けたが、事実認定は、ほぼ原告側の主張を認めた。

この訴訟はいわゆる「天皇コラージュ裁判」と呼ばれ、約四年にわたる長い裁判の末、ようやく一審判決が出た。争点は天皇を題材にした作品の「表現の自由」が問われることだったので、法廷では、広くさまざまな角度から議論が交わされている。このときの判決は、天皇表現における「表現の自由」について、司法が初めて判断を示したものであり画期的だといわれる。[1]

ところが、二〇〇〇年二月十六日、名古屋高等裁判所金沢支部の控訴審判決では、その富山地裁判決を取り消し、非公開は作品鑑賞の権利の侵害にあたるとして訴えた原告の請求を、「美術館の運営上の支障を生じる可能性が認められ特別観覧の不許可には正当な理由があり、非公開に違法性はない」と退けた（「京都新聞」二〇〇〇年二月十七日付）。逆転敗訴になったが、大浦信行ら原告側は上告した。二〇〇〇年十月二十七日、最高裁は上告を棄却し、名古屋高裁金沢支部判決が確定した。

だが、これから述べようとするのは、判決のことではない。争点の一つである「非公開措置等の違法性」に関連して問われた、富山県立図書館『図録』事件とその図書館の対応についてである。

ここでは、『図録』事件とその対応を、かつて河井弘志が「現代日本図書館史のなかの最大の争点のひとつ」[2]と指摘した県立山口図書館図書抜き取り放置事件（一九七三年）に匹敵する「図書館の自由」侵害事件と位置づけ、「図書館における自主規制」とその構造的特質を批判的に考察する。

なお、訴訟判決の意味するものについては、別に原告代理人である中北龍太郎弁護士が詳しく論じている。[3]

1 富山県立図書館『図録』事件とは何か

日本の一九八〇年代は高度情報化社会の始まりだが、一方では、行政施策が行政改革から教育改革への路線の転換期にあたっていた。このため、公共施設の管理・運営について、地方自治体は総力をあげて民間活力の導入やコンピューター化を図った。その方針は、一部では「理念なき文化行政の時代」ともささやかれていた。

いうまでもなく、行政の原則は「公平性と平等」だが、文化とは、時間と空間を超えて、自己にない異質な価値を認め、伝えることである。それだけに、自治体がそれなりの文化行政の理念をもたなければ、おのずから市民との間にトラブルが生じる。塩見昇が、一九八〇年代は「急増する「施設」としての図書館が、その内実を基本的なところで問われる時代[4]」であると見抜いたのも、そうした弊害を予感したからにほかならない。

一九八六年六月四日、それは突然、富山県議会で始まった。そもそもの事件の発端は約三カ月前に富山県立近代美術館が開催した「'86富山の美術」展にさかのぼる。その美術展に、富山県出身の大浦信行の版画作品『遠近を抱えて』が出品されていた。この作品は、昭和天皇の肖像写真と裸婦などの写真をコラージュしたものだが、美術展期間中はとくに非難を受けることもなく、トラブルなども生じていない。ところが、美術展終了後しばらくたって、富山県議会で自民党と社会党の二議員から、大浦作品に「不快感を覚えた」「どんな選考意図があったのか」と発言がある。そのとき答弁に立った美術館副館長は、「作品の内容については原則として作家の自主的な創造活動を尊重する立場をとっており、また、表現の自由の問題もあるので、展示することにした」[5]と基本的な考え方を表明している。

だが、翌日、「天皇ちゃかし不快感」と見出しをつけてセンセーショナルな記事が新聞に掲載されるや否や、右翼団体が抗議活動を開始する。近代美術館は一連の動きをみて議会に向けて館長見解を発表するが、それがかえってこの事件をこじらせ、波紋が県立図書館に及ぶことになる。

館長の見解は、「一般県民の感情からいって好ましくない」（傍点は引用者）という指摘があったことを理由に、「当該作品は、美術資料として保管するにとどめる」[6]というものだった。これは、自己とは異質な価値を認めない、文化とは隔たりがある価値観だった。この、いわば行政の原則を優先させた「理念なき文化行政」は、事態をさらに混乱させることになる。

外部の圧力に屈するようにして「非公開措置」を決めた県立近代美術館は、その後も、右翼団体などの執拗な批判や攻撃にさらされて、市民による作品の特別観覧や『図録』の閲覧請求まで拒否した。また、『図録』を贈った富山県立図書館に閲覧を中止するようはたらきかけたりして、非公開措置の道を突き進む。

美術館から要請を受けた県立図書館では、「県議会での経過をふまえた県立近代美術館の方針に則り、同じ県立の公開文化施設として同様の取り扱いをする」として、「当分の間一般の閲覧・貸し出しをしないこと」(7)を決定する。美術館は、同年九月、収蔵していた大浦作品を作者に返却するという狼狽ぶりであった。

もちろん、こうした美術館の対応に市民やマスコミが黙っていたわけではない。作品はもとより『図録』の公開を求めて市民運動が広がり、「北日本新聞」の社説では、「他からの圧力によるものなら許しがたい行為であり、自主規制だとするなら言語道断」(8)として、『図録』の非公開解除を主張している。

日本図書館協会の「図書館の自由に関する調査委員会」(以下、自由委員会と略記)は県立図書館に対して、「利用者の知る自由を保障することを任務とする図書館として、できるだけ速やかに提供制限の措置を撤回または緩和されることを期待する」という「見解」(一九八八年三月十八日)を出した。

しかし、このころの日本は、前年秋に宮内庁病院に入院した昭和天皇の容体を案じて重苦しい雰囲気に包まれていた。全国に広がった「自粛」ムードは、熱病に浮かされたように大勢を支配していたため、長崎市長が「天皇の戦争責任」に言及する(一九八八年十二月七日)と、たちまち右翼の脅迫が相次いだ。当時の社会には、そうした右翼の活動が影響を与えていたことを見逃すわけにはいかない。

天皇制に関わって右翼暴力の役割は極めて重要である。あればあるで、なければないで、国民は右翼の影におびえて自由な天皇制論議すら回避する構図がある。「自粛」の影の主役

は天皇制右翼の暴力であり、国民の側のそれに対するおびえと過剰な自主規制であるともいえる。(9)　（傍点は引用者）

時代状況が違うとはいえ、県立近代美術館も県立図書館も、同じように右翼思想の神職からの抗議文や右翼団体の抗議行動に対する「おびえと過剰な自主規制」から逃れられずにいた。市民グループなどによる「非公開措置の撤回」要求など、とうてい受け入れられるものではない。

結局、県立図書館が条件付き公開に踏み切ったのは、昭和天皇の死去後、一九九〇年三月二十二日だった。ところが、図録が公開されるや右翼思想の神職が暴力的行為でその理念を他人に押し付けるように、『図録』を破り裂いたのである。それは、きわめて衝撃的な事件だった。事態を重視した県議会は、翌日、この事件が「憲法で保障された表現の自由、言論の自由を侵害する行為である。断じて容認できるものでない」として、「表現、言論の自由と民主主義」を守り抜く決意をもって事態に臨むことをあらためて表明する決議を採択している。(10)

大浦信行によれば、四年前、その神職が突然自宅に訪ねてきて、作品は「不敬きわまる。芸術でもなんでもない」といって、「焼却」を迫ったという。(11)『図録』損壊事件は、現実にこのような暴力が表面化したものであり、その不当性は、歴史的経験からすれば新しい思想的潮流でもなんでもなく、過去の「偏狭と不寛容」の思想的反動の繰り返しにすぎないことは明らかだった。

実際、一九八〇年代はじめから日本の図書館界は、蔵書構成と図書選択について、自己の見解を押し付けようとする市民や団体の激しい非難や批判をしばしば浴びせられている。富山県立図書館も例外ではなかった。にわかに図書館界の注目の的になった県立図書館に対して、「この国の方針により方向づけられた戦争完遂のための読書普及運動に協力した。しかし、収集・閲覧の自由を守ることに微力ながらも抵抗をしめして互いに励ましあった。誠に矛盾した行為のようであったが、先人の生活の記録をひもとき視野をひろめ人間性をたかめるための図書館を守ってきた」[12]（傍点は引用者）という富山県図書館協会が見識を示し適切に対応するだろうと多くの期待が寄せられた。しかし、それはむなしく裏切られる。

このように、富山県立図書館はそれまでに培った理念と活力のすべてを担って事件の渦中に立たされるが、主体的な判断を下すことはできなかった。すなわち、「図書館の自由に関する宣言」（一九五四年採択、一九七九年改訂。以下、「自由宣言」と略記）（本書巻末の資料1）の「知る自由」の保障に関して何ひとつ貫くことができずそれどころか、ますます自主規制の深みにはまっていく。

一九九五年十月十六日、県から器物損壊罪で告訴されていた神職の有罪が確定（一九九五年十月三日）したにもかかわらず、県立図書館は裁判のために押収されていた『図録』を「修復して公開する」とした事件後の方針を変更し、その所有権を放棄するという信じられないような決定をおこなっている。さらには、『公立美術館と天皇表現』（桂書房）や『ず・ぼん――図書館とメディアの本』第一巻（ポット出版）などの事件関連資料の収集・提供について、利用者から県立図書館に協力の申し出や依頼があったにもかかわらず拒否するなど、「自由宣言」の理念を踏みにじるような対応が明らかになる。

一方、県立近代美術館も、ひそかに大浦作品を個人に売却し、『図録』の残部四百七十冊を焼却するという前代未聞の暴挙を企て、言論・出版に対して最も野蛮なやり方で弾圧を加えている。『図録』を焼却するという現代版焚書が右翼の権威に屈服する儀式とするなら、そこに至る前の弾圧との闘いで、どこまで「表現の自由」を守れるかが専門職の使命を果たせるか否かの分岐点である。

このように県立近代美術館と県立図書館が公的施設としての役割を放棄したことに対して、関係者からは「自殺行為」と批判の声があがったが、事件の行方は、『図録』を非公開としたときに決定していた。いわば、作品の所有権放棄や売却・焚書事件は、行政の政治的現実を象徴するものだったといえる。その炎は、偶発的に燃え上がったわけではなく、図書館が非公開措置の道を歩みだしたときに、火がつけられた。

2　検閲と図書館の闘い

これまで日本では、「表現の自由」は、憲法で保障されている権利のなかでもとりわけ不可侵性が強い、絶対的な権利として考えられている。通説では、それは「公共の福祉」によって制約を受けるといわれるが、検閲については、憲法第二十一条第二項で「検閲は、これをしてはならない」と明文で禁止している。

その憲法の「表現の自由」を法的根拠とする「自由宣言」では、主文第四条で「図書館はすべての検閲に反対する」と規定し、副文には、次のように具体的指針を掲げている。

検閲は、「権力が国民の思想・言論を抑圧する手段として常用してきたもの」であり、検閲が「資料収集を事前に制約し、さらに、収集した資料の書架からの撤去、廃棄に及ぶこと」が明らかなため、すべての検閲に反対するとしている。また、検閲と同じものとして「個人・組織・団体からの圧力や干渉」があり、それらの抑圧を自己規制と位置づけ、「知る自由」を守る決意を示している。

このような「表現の自由」と「図書館の自由」という視点から一連の富山県立図書館『図録』事件を考察すれば、明らかに「自由宣言」の理念に違反しているのは誰もが認めるところである。まして、県立美術館からの要請に応えるようにして「非公開措置」を決定した県立図書館内部の職員にとっては、このとき受けた「個人・組織・団体からの圧力や干渉」はきわめて容易ならざるものだったにちがいない。

もともと、県立近代美術館が右翼思想の神職や団体からの非難のばかばかしさを正当に評価していれば、疑いもなく図書館に波及するような問題ではなかった。県立図書館にしてみれば、美術館が県議会の意向や右翼団体に配慮して非公開措置を決めたせいで、巻き込まれたという思いはあるかもしれない。また、たとえ美術館が非難を正当に評価して毅然とした態度で臨んでいたとしても、そのことによって、そのような非難が消滅するとは考えられない。おそらく彼らは、大浦作品や『図録』が県内から追放されるまで手を緩めなかっただろう。もはや事件は抜き差しならない状態だった。

つまり、神職や右翼団体が求めているのは、行政の対応よりも、大浦作品の内容に関わる天皇の芸術表現を否定することである。したがって、県立図書館が「自由宣言」の理念に違反しているのを知りながら、美術館が要請した非公開措置の方針を無批判に受け入れたのも、そこに事件の核心があったからである。それは、いまだに「菊」に対するタブーが存在していることを県立図書館が認めたことになる。

ただ、このことについて県立図書館内部で何も異論がなかったと考えるのは、あまりに悲しすぎる。少なくとも、「自由宣言」の理念にのっとって「反対」の意思表示をした図書館員もいたにちがいない。そう信じたい。

中根千枝は、『タテ社会の人間関係』のなかで、集団成員の意見が不一致のときは、討議時間がなければ、「必ず集団のヒエラルキーによる力関係が優先し、組織の下方に位置する者の意見より、上の者の意見がとられて、議論の余地がなく、集団の核を握る上部の意見によっておしきられる」[13]と指摘しているが、近代美術館だけでなく、県立図書館でも、こうした力学がはたらき「意見の一致」が優先されたと考えるべきだろう。それは、鋭い痛みを感じさせないだけに、職員を安易に状況追随主義へ走らせる。

こうして、「自由宣言」の理念に著しく反した愚かな方針について黙認するよう求められた県立図書館職員を待ち受けていたのは、さらに驚くべき事実だった。

それは、最高裁判決が出た直後に県立図書館長がとった『図録』の所有権を放棄という態度を決定したことである。結果的に右翼の要求を受け入れて、「表現の自由」の侵害を容認したことになる。

自由委員会全国委員長の三苫正勝は、「一連の措置は明らかに検閲の部類に入るし、自由宣言の趣旨にことごとく反している。図書館そのものを否定する行為だ(14)」と厳しい批判のコメントを寄せているが、いったい、富山県立図書館は、どのような意図でもってこのような最悪の決断をしたのだろうか。

この措置について、同年十二月に県議会で見解を求められた吉枝教育長は、次のように答弁している。

県立図書館長が、館長の権限で処分されたのは事実であり、私は適切な処分だったと思っている。

館長のコメントとしてあったが、図録そのものはかなりの破損が見られ、図書利用の目的からして修復することに意義がない、困難であるということ。また、これと同型の図録が近代美術館において焼却処分になっていること。あるいは、この図録の公開、非公開をめぐって長い間揺れ動いてきたこと。しかもついには図録について事件も起きているという事態になっている。そういうことから、図書館の利用環境を確保することを第一義に考えての措置であると思っている。

表現の自由といったことへの思い、考えは十分承知しているが、私としても、県民が利用するためには図書館の静かな利用環境を確保するといったことが大変大事であり、必要なことではないかと思っている。[15]

これほどむなしく聞こえる見解もない。それまで図書館長は日本図書館協会などに対して、「図録の返却を待って、修復し、公開するという基本方針に変わりない」と言明していただけに、無条件に「表現の自由」の弾圧に与するとは信じ難い。もしこの見解に意味があるとすれば、それは、県民の「知る権利」よりも県議会や一部団体の意向を尊重し、『図録』の天皇の芸術表現に対する聖域を暗に認めていることだろう。

さすがに、事件当初、自由委員会の委員長として関わり、県立図書館の主体性に期待していた石塚栄二も、「館長の所有権放棄が、結果として図録損壊を行なった犯罪者の行為に荷担することになった」[16]（傍点は引用者）と同館の体質を強く批判している。

この年、新潟での全国図書館大会に出席した同館の職員が、「職員としては、管理責任者である館長の判断に従うべきだ」と発言していることからもうかがえるように、図書館の主体性は、この段階ではもはや望むべくもなかった。

いずれにしても、発表された見解は検閲と同義だった。その検閲の輪郭が、誰かが強制したものではなく、「過剰な防衛的な反応が行政機関にだけ残され、それが図書館の基本的な資料提供という役割をないがしろにし、市民にも暗黙のうちに、『天皇の表現』への自主規制を当たり前のように受け入れさせた」[17]（傍点は引用者）とする小倉利丸の感覚は鋭い。

大浦作品を「不快」とした議員の「不敬罪」的発想が、作品と『図録』の非公開から所有権放棄の検閲にまで及ぶということは、奥平康弘が指摘している、戦前の「皇室の尊厳を冒瀆する事項」が、「検閲概念と検閲権力の拡大のためのラッセル車的な役割」を果たしたことを想起させる。決して楽観視できるものではない。それは、「「安寧秩序」を梃子として政治的な検閲が展開されるのに対応して、「風俗壊乱」を理由とする道徳的文学的な検閲が進展するという事実」[18]（傍点は引用者）を示唆している。一つ間違えば、各自治体の文化行政のガイドラインに検閲が復活するおそれが出てくるだろう。いや、すでにその兆しがみられる。

たとえば、ここ数年の「表現の自由」の構造的変化のなかで、資料提供について人権とプライバシー保護の立場から、県立図書館レベルで作成している「図書館資料の閲覧等の制限要綱」などである。それらは、制限対象資料に「自由宣言」で認めているもの以外の「館長が適当と認める資料」を付け加えていることが多い。このため、基準がかなり曖昧になり、館長の恣意的判断を許すおそれがあり、自主規制に結び付きやすい。

評論家の上野俊哉は、「こうした検閲や圧力が、つねにそれぞれの社会、文化での「常識」や「良識」の名のもとに行使されている」ことにいち早く気づくべきであり、注意する必要があると[19]いっている。

ところが、富山県立図書館では、行政当局の「常識」や「良識」による行政指導は、迷惑ではあっても、ほとんど誰もが理論的に正しいと考えていたのだろう。いってみれば、たとえ『図録』事件が自主規制だったと批判されたとしても、県立図書館には、それが必ずしも「検閲」にあたるという認識はなかったにちがいない。先の上野俊哉も、その点がきわめて特異だと指摘している。

一般的には、図書館と検閲との闘いは、利用者の「知る自由」を妨げる言論弾圧として争われる。しばしば、さまざまな政治的・社会的立場から加えられる運営への批判に対しても、図書館はその態度決定を迫られる。しかも、図書館は価値観のるつぼであり、すべての決断は、意識的にしろ無意識的にしろ、利用者の「知る自由」を保障するために闘いを避けて通ることができない運命にある。

アメリカの社会科学者のマジョリー・フィスクは一九五八年、図書館員の精神構造に関心を寄せて面接調査をしたところ、図書館員の半数近くは「読書の自由」への強い信念を表明したが、三分の二の図書館員は、「論争の糧となりそうな図書は自らの判断で購入をとりやめており」自主規制の傾向がみられると報告している。この調査結果は、「図書館員が最大の検閲者」になりうることを示唆している。[20]

ここまでの富山県立図書館の対応は、専門職としての自律性もなければ、それを支える組織体制も実に脆弱だったといわざるをえない。県立図書館は、背後の検閲者を恐れ、「選択と提供の決断を行うことに臆病になってしまうあまり、無意識のうちに自らが検閲者をつとめてしまう」[21]（傍点は引用者）構造を否定する力量をもつことができなかった。

つまり、かつての抑圧は「権力からの自由」との関わりにおいてだったが、富山県立図書館の『図録』事件の場合は、図書館内部から社会的な抑圧の体系が形づくられてしまった。この内部化された抑圧体系こそが自主規制である。

県立図書館に対して少し酷な言い方をすれば、この事件で同館は、「自由宣言」に抵触する対応を選択した瞬間から右翼との共犯関係に陥り、「自主規制という名の検閲」を犯すことになった。その責任は重い。

しかし、その責任を県立図書館だけに帰するわけにはいかない。たとえば筆者自身、自由委員会委員として県立図書館の姿勢を正すことができなかったし、また、「表現の自由」の保障を求めて闘っていた市民運動グループへの支援にも傍観者的立場にあったことを猛省している。この事件の本質を考えるならば、富山県立図書館を孤立させず、また市民運動グループを支援することができたのは、間違いなく「知的自由」に関わる職能団体としての日本図書館協会であり、自由委員会だった。

3 「自主規制という名の検閲」の原型

ところで、大浦作品の公開を求めて市民運動に関わっていた小倉利丸は、事件当初、それまでの弾圧事件とは本質的に異なるとして、非公開措置などの不当性について次のように訴えている。

> 天皇の扱い方が不適当だとして、作品だけではなく『図録』までが対象になって弾圧された。理由が恣意的で、「不敬罪」的発想に基づいているから、ほかの蔵書に弾圧が及んでも不思議でない。

そして、彼は、「こうした自主規制は、天皇制批判に代表され社会的な批判を意図した作品や不快感をモチーフにした作品の排除をもたらすだろう[22]」(傍点は引用者)と危惧を表明している。

一般に、検閲は古くて新しいテーマといわれるが、現代の検閲の概念には、これまでの公権力による検閲だけではなく、「何かに反するという理由」で生じる、公権力によらない個人や団体からの「異議申し立て」の概念が含まれている。「検閲とは、検閲者の基準に照らして道徳的その他の理由で不愉快とし、イメージ、思想情報からなる文学的、芸術的、教育的な資料を除去、抑圧あるいは流通を制限すること」[23]。要するに、検閲は、誰かが「不愉快とし」た雑誌や本を第三者に読ませないように制限することだというのである。断っておくが、ここで厳密な検閲の定義を学説的に展開するつもりなど毛頭ない。また、できるわけがない。ただ、検閲や自主規制の概念はもっぱら歴史的・経験的に規定されてきたところがある。

ちなみに、小倉利丸が指摘している「不快感をモチーフにした作品」などを排除する論理は、一九九〇年代に入ってから、いくつかの自治体の青少年保護育成条例や図書館の収集方針、資料提供制限要綱などに現れている。

こうした圧力を回避するための自主規制のメカニズムは、なにも図書館だけに限ったことではなく、「表現の自由」に関わるさまざまな媒体や時間、場所で機能している。それだけに複雑多様化していて、不可視的であり、漠然としてなかなかその正体を突き止めにくい。

しかし、日本図書館史をみれば、この『図録』事件を待つまでもなく、それ以前の「図書館の自由」侵害事件でその影を落としている。たとえば一九七三年に県立山口図書館で管理職が知事の視察に配慮し、かねがね「中立性を欠いたり、公序良俗に反する」と考えていた政治や思想、宗教をテーマにした書籍などを「好ましくない本」として開架書架から排除し、書庫内に隠蔽したことが

思い出される。(24)

そこには、知事が視察に来館すれば「何をいわれるかわからない」という管理職の心理的おびえと「中立性を欠いたり、公序良俗に反する」として資料を排除した政治的中立性が横たわっている。この内部の社会的抑圧と政治的中立性こそが「読書の自由」を妨げ、戦前から連綿と続いている「自主規制という名の検閲」を支えているのである。

歴史的にみれば、図書館員の検閲的機能は図書選択との関わりで早くから論議の的になっている。一九二八年（昭和三年）の第二十二回全国図書館大会で、文部大臣が「最近の思想的傾向から考えて、図書館でとくに注意することは何か」と諮問すると、図書館界は、各図書館が「国民思想善導上必要なる良書を選定し之か閲読を一層奨励すること」と「思想風教上害ありと認むる図書は極力之を排除すること」「検閲を一層密にせられたきこと」(25)という答申案を作成する（傍点は引用者）。自ら「検閲」を望んだ答申は「図書館の自殺行為」といわれたものだが、その構造的特質は、いまなお、県立山口図書館事件を経て『図録』事件に至る図書館行政のなかに垣間見ることができる。

もちろん、それらは氷山の一角にすぎず、その底流には、近代日本の思想的伝統が脈々と波打っている。思想的伝統とは、国体という概念である。鶴見俊輔は、『戦時期日本の精神史』のなかで、「明治維新以後、国体は日本国の現政体、日本国の現在の政治秩序に特有なるものを意味する」と指摘したうえで、その思想は「国民の心のなかに順序よく植え付けられている」として、善悪の価値判断が勅語に基づくことになり、「日本人が自らの道徳上ならびに政治上の地位を守るために(26)」国体という概念を用いているという。

前述の「図書館の自殺行為」はその典型的な事例だが、近代日本の図書館界は、それより以前に強烈な洗礼を受けている。一八八二年（明治十五年）に文部省が配布した『文部省示諭』である。そこには、教育の国家的重要性の理念が貫かれていた。その二年前の太政官布告による「風俗を壊乱する」ものが「国安を妨害する」とした思想と並んで、国体概念を具現化し行政処分の対象を包み込む理念を実現することにあった。

改正教育令（一八八〇年〔明治十三年〕）の実施にあたって、文部省は地方教育当局者に「示諭ノ事項」を配布し、その理解と協力を求めている。書籍館（図書館）の最重要課題が「蔵書の選択」だとして、次のような指導方針を提示した。

> 善良の書籍は乃ち善良の思想を伝播し、不良の書籍は乃ち不良の思想を伝播すれは、則ち其不良なるものを廃棄し而して其善良なるものを採用するを要するなり。（略）善良の書は読者の徳性を涵養し、其善良の智識を啓発し、其愛国の誠心を誘起し、親族社会の交際をして寛和敦厚ならしむる如き、其効益たる最も著大なりと謂ふへし。之に反して不良の書は読者の心情を攪擾し、之をして邪径に誘陥し、遂に小にしては身家の滅亡を招致し、大にしては邦国の安寧を妨害し、風俗を紊乱するか如き、其流弊たる実に至大なりと謂ふへきなり。[27]（傍点は引用者）

こうしてみると、この「示諭ノ事項」の「良書」「悪書」の思想が原型となって、近代から現代に至る日本の図書館界において「自主規制という名の検閲」のガイドラインを形成し、図書館行政を心理的に支配しつづけているといえる。

けれども、公共図書館が発達した現在、「表現の自由」が拡大されて重層的になっていることから考えると、権威主義的な「良書」「悪書」の選択は、利用者の「知る自由」を制限するおそれがあり、好ましいことではない。レスター・アシャイムが指摘しているように、検閲と選択の違いは、「検閲は自己の知性しか信じていない」のに対し、「選択は読者の知性を信頼している」[28]ことである。図書館員はここから出発しなければならない。

おわりに

『図録』事件は、行政当局や右翼団体の支配的な考え方や言動、社会的空気に迎合するかのように図書館員が「公共の福祉」の秩序維持に腐心したところに、事件を拡大させた要因がある。

重要なことは、動機が政治的であれ道徳的であれ、市民の「知る自由」を妨げる公権力あるいは個人や団体の行為は等しく検閲と考えるべきだということである。「自由宣言」は「図書館はすべての検閲に反対する」としているが、理念を掲げただけでは現実には抗しきれなかった。

その制約原理は比較的容易に想像しうるものだったが、行政当局や県立図書館が「表現の自由」に課した制約の範囲が、はじめのもくろみをはるかに超えて広がっていった。しかも彼らは、意識するとしないとにかかわらず、その行為を正当化しようとした。この行為はまさに、「表現の自由」に関わる「不敬罪」的発想に基づく「自主規制という名の検閲」であり、「菊」のタブーを認めるものだった。ここに、この事件の構造的特質がある。

いずれにしても、富山県立図書館が、県当局や右翼に圧力をかけられたという被害者意識を抱えているかぎり、県民の信頼を取り戻すことはできない。同館が利用者の「知る権利」を侵害したという加害者意識を認識してはじめて、『図録』の原状回復への道が開かれ、図書館はその使命を果たすことができる。そうでなければ、富山県立図書館は右翼と共犯関係にあったといつまでもささやかれるだろう。

なお、「天皇コラージュ訴訟」は、名古屋高裁判決によって「非公開に違法性は認められない」となったが、原告控訴人らは最高裁に上告した。だが、棄却される。

図書館界は、すでに「表現の自由」には「表現する自由」と「誰からも妨げられずに自由に表現を受け取る自由」が含まれていることを体験的に学んでいる。「自由宣言」はその理念の表明でもあるが、館界の意思統一ができれば、慣習法として効力をもつ。「自主規制という名の検閲」との闘いを支えていくためには、それは焦眉の課題である。[29]

富山県立近代美術館事件をめぐる事実経過

一九八六年三・四月　富山県立近代美術館「'86富山の美術」展開催。大浦信行氏の『遠近を抱えて』十点が出品される。美術館が十点のうち四点を購入。残る六点は大浦氏が寄贈。

六月　県立近代美術館が「大浦作品を美術資料として保管するにとどめる」という館長

見解を表明。以後、作品・『図録』とも非公開になる。
七月　右翼団体が富山県庁・美術館周辺で大規模な街宣活動。
八月　同美術館は富山県立図書館に『図録』一冊を送付。同図書館は閲覧・貸出の中止を決定。
一九八八年三月　日本図書館協会「図書館の自由に関する調査委員会」が県立図書館の措置を「妥当でない」とする見解を発表。
一九九〇年三月　県立図書館が『図録』公開を決定。
『図録』公開初日に県内の神職が『図録』を破り捨てる事件発生。翌日、富山県が神職を器物損壊罪で告訴。六月に神職を起訴（一九九五年十月有罪確定）。
一九九二年八月　右翼団体幹部が中沖豊県知事に殴りかかる。
一九九三年四月　県教育委員会が作品を匿名の個人へ売却、『図録』四百七十冊の焼却を決定。
一九九四年九月　大浦氏、市民ら三十五人が県などに対して国家賠償等請求訴訟を提訴。
一九九七年六月　県弁護士会が県教育委員会・同美術館に一連の措置への「猛省」を求め、美術品を鑑賞する権利を擁護するよう勧告。
一九九八年十二月十六日　富山地方裁判所原告一部勝訴の判決。
二〇〇〇年二月十六日　名古屋高等裁判所金沢支部は、特別観覧の不許可を適法とする原告全面敗訴の判決を下す。

注

（1）判決が出た翌日の新聞各紙に関係者や識者のコメントが掲載されている。二つ紹介しておく。
中北龍太郎弁護士「作品に天皇のプライバシーの侵害がなかったことや、美術館側の処分理由の不当性が明確となった。鑑賞する権利が認められ、わが国の表現の自由の歴史上極めて画期的な判決」（「富山新聞」一九九八年十二月十七日付）
奥平康弘東京大学名誉教授「特別観覧許可を求めた原告の個別の主張を認め、美術館の裁量権に制限を加えた画期的な判決だ」（「読売新聞」〔富山版〕一九九八年十二月十七日付）
（2）前掲「山口図書館問題と図書館界内外の動き」五一―一三ページ
（3）中北龍太郎「天皇コラージュと表現の不自由――「富山県立近代美術館事件」地裁判決の意味」「週刊金曜日」一九九八年十二月二十五日号、金曜日、二〇―二四ページ
（4）塩見昇「図書館サービスとは何か――図書館サービスの拡がりと深まりを求めて：図書館づくりと図書館政策の動向を通して」「図書館界」第三十四巻第一号、日本図書館研究会、一九八二年、三ページ
（5）「富山県議会時報」第百三十九号、一九八六年六月四日教育警務常任委員会議事録から（写し）。
（6）館長見解一九八六年六月一日（県議会に宛てられたもの）。富山県立近代美術館問題を考える会編『公立美術館と天皇表現』（桂書房、一九九四年）に所収。
（7）一九八六年八月「図録『’86富山の美術』に関する県立図書館の考え方」富山県立図書館文書（一枚物）
（8）「社説　県立図書館に再考促す――「知る権利」を侵す閲覧禁止」「北日本新聞」一九八八年一月三十

日付

(9) 舟越耿一『天皇制と民主主義——戦後五〇年の考察』社会評論社、一九九四年、一〇六—一一五ページ

(10)「朝日新聞」一九九〇年三月二十四日付

(11) 朝日新聞社会部編『言論の不自由——朝日新聞「みる・きく・はなす」はいま十年の記録』径書房、一九九八年、二三—二五ページ

(12) 日本図書館協会編『近代日本図書館の歩み 地方篇「富山県」——日本図書館協会創立百年記念』日本図書館協会、一九九二年、二九四—二九五ページ

(13) 中根千枝『タテ社会の人間関係——単一社会の理論』(講談社現代新書)、講談社、一九六七年、一二八ページ

(14) 外岡亮一「行政と芸術めぐり10年論争」「地方自治職員研修」一九九六年三月号、公職研、一二—一五ページ

(15) 県議会教育警務常任委員会「議会時報」富山県議会、一九九五年、四〇—四二ページ

(16) 石塚栄二「富山県立図書館問題その後 富山県立図書館図録問題の新展開」、ず・ぼん編集委員会編『ず・ぼん——図書館とメディアの本』第三巻所収、ポット出版、一九九六年、一二五ページ

(17) 小倉利丸「最悪の事態!富山県立図書館図録所有権放棄」「富山県立近代美術館検閲訴訟ニュース」第五号、富山県立近代美術館検閲訴訟原告事務局、一九九五年、六ページ、横田耕一「憲法学の立場から被告側の作品・図録処分を厳しく批判」「富山県立近代美術館検閲訴訟ニュース」第十二号、原告事務局、一九九八年、二—八ページ

憲法学者の横田耕一は、原告側の証人として「天皇の神聖視」について問われ、「憲法的にはそれ

は否定的評価を与えられるとしても現実的としては残っているということは、これは至るところに見られる」と述べ、その旧憲法下の天皇制イデオロギーの根強さを証言している。

(18)前掲『表現の自由Ⅰ』一三〇―一九三ページ

(19)上野俊哉「「自粛」という名の検閲」「朝日新聞」一九九五年六月二十日付。上野俊哉は、「これは自粛であるから、検閲ではない」というレトリックこそが、この国では「見えない検閲」「形のない圧力」を増進させていると指摘する。

(20)河井弘志『アメリカにおける図書選択論の学説史的研究』日本図書館協会、一九八七年、三四七―三五九ページ

(21)バーナ・L・パンジトア『公共図書館の運営原理』根本彰／小田光宏／堀川照代訳、勁草書房、一九九三年、二五六ページ

(22)小倉利丸「アートは自由だ！「不敬罪」の復活を許すな」「インパクション」第五十号、インパクト出版会、一九八七年、六九―七〇ページ。小倉利丸は、別のところで、これから図書館が「自主規制を強め、検閲を強化し、図書を厳しく選別する時代に回帰していくのではないか」と警告を発している。

(23)H・ライヒマン『学校図書館の検閲と選択――アメリカにおける事例と解決方法』川崎良孝訳、青木書店、一九九三年、四―八ページ。また、森岡清美／塩原勉／本間康平編集代表『新社会学辞典』(有斐閣、一九九三年)によれば、自主規制とは「集団や社会に支配的な考え方や態度あるいは一般的空気、さらには安全や秩序維持に一致するように、個人の側で、その社会的表現に自ら制限を課すという場合」と定義している。

(24)「図書館課長が勝手に隠す 反戦書など五十冊」(「毎日新聞」一九七三年八月二十九日付)、「思想偏

向の本貸せぬ 管理職が勝手に隠す」(「朝日新聞」一九七三年八月二十九日付)などに報道され、図書館界に大きな反響と衝撃を与えた。この事件で、日本図書館協会は、「自由宣言」の再確認と「自由委員会」の設置に動いた。

(25)清水正三編『戦争と図書館』(昭和史の発掘)、白石書店、一九七七年、五三―五八ページ。戦前のファシズムと図書館との闘いを考察するうえで欠かせない資料が発掘されている。

(26)鶴見俊輔『戦時期日本の精神史――1931～1945年』岩波書店、一九八二年、四三―六〇ページ。鶴見俊輔は、「国体」の言葉などというものにかかわらず、その機能(つまりかつてその言葉によって表されていた概念)は、隠れた形態でその後現在まで日本の政治のなかに生きてはたらきつづけているという。

(27)角家文雄編著『日本近代図書館史』学陽書房、一九七七年、一〇二―一〇七ページ

(28)前掲「検閲でなく選択を」二〇九―二一九ページ

(29)富山県立近代美術館問題を考える会編著『富山県立近代美術館問題・全記録――裁かれた天皇コラージュ』桂書房、二〇〇一年、六〇〇ページ。「大浦氏の作品が非公開となったのは一九八六年六月。それから七年、一度も市民の前に現すことなく作品は匿名の誰かに売却(図録は焼却)されてしまった(一九九三年四月)。市民有志による国家賠償請求訴訟が始まったのはその一年後の一九九四年九月。そして最高裁で原告の上告が棄却されたのが二〇〇〇年十月。二十世紀末の十五年にわたる闘いであった」(原告の一人として勝山敏一)(「あとがき」)

第３章　思想の寛容がなければ図書館の自由は守れない
——船橋市西図書館蔵書廃棄事件

はじめに

船橋市西図書館蔵書廃棄事件（以下、船橋市立図書館事件と略記）と図書館裁判の全体の紹介記事や判例の解釈は、これまですでに多くの論者がさまざまに書いたり発表したりしている。[1]『ず・ぼん——図書館とメディアの本』第十一巻（ポット出版）でも特集を組んでいる。今回、それらを踏まえながら、あらためて考えてみる。

本章の骨子は、全体的には筆者の論考「『図書館の自由』の真価が問われる——船橋市立西図書館蔵書廃棄事件におもう」（「三角点」No.16）に基づくものだが、構成と内容については、かなり大幅な加筆と修正を施している。前半は船橋市立図書館事件の概要と事実経過について述べ、後半で図書館裁判と公立図書館の思想について考察する。

1　船橋市立図書館事件の概要と事実経過

船橋市立図書館事件の概要

まず、事件の概要と事実経過について、雑誌・新聞記事を中心に再確認しておきたい。事件が明るみに出たのは、二〇〇二年四月十二日付「産経新聞」の「千葉の図書館西部氏らの著書廃棄」という見出しのスクープ記事によってだった。同記事によれば、「新しい歴史教科書をつくる会」（以下、「つくる会」と略記）の会員が加わった扶桑社の教科書採択をめぐる論議が高まっていた二〇〇一年八月ごろ、船橋市西図書館が「教科書の執筆者で評論家の西部邁氏らの著書を大量に廃棄処分にしていたことが十一日、分かった」という。なぜわかったかについては書いていない。木村洋一館長は「政治的、思想的意図はなかった」と説明し、船橋市教育委員会が「故意とみられても仕方がない」として調査に乗り出す方針だと報じられた。

「産経新聞」はまた、著書を廃棄された西部邁の「図書館の大半には強かれ弱かれ左翼人士がいる」「言論といえども、イデオロギー闘争からいわゆる焚書坑儒が起こるのは歴史の常だ」という談話もあわせて載せている。

翌十三日付の同紙は、西尾幹二や福田和也の著作も大量に廃棄されていたとし、その内訳の数字を明らかにしている。さらに、「図書廃棄基準」(2)にも触れて、「廃棄処分を担当した司書への事情聴取では、「本が汚れていた」「利用が低かった」などと説明し、政治的、思想的な意図は否定した」と書いている。

以後、「産経新聞」は連日報道するが、他紙の報道はそれほど目立っていない。

作家・公立図書館嘱託職員の肩書で石井竜生が「保守言論人の著作大量廃棄事件が示す図書館の偏向実態」と題して「正論」（二〇〇二年六月号、産経新聞社）に告発記事を書いたのは、それからしばらくしてからである。彼は、「一介の公務員が、その地位を利用して、自己の価値観に敵対すると思料する著書を、一気かつ大量に廃棄したなど、かつてあっただろうか」とし、司書の行為を厳しくとがめだてた。編者不詳だが、「船橋市西図書館が捨てた書籍百八十七冊全リスト」も付いている(3)（本書巻末の資料3）。

一方、船橋市は、スクープ記事直後の四月十二日に事実関係、五月十日に事件の概要説明の記者発表をおこなった。二回目の記者発表の要旨は以下のとおりである。

平成十三年八月に除籍された五百四十一冊（内訳　一般図書百七十冊、児童図書十七冊、雑誌三百五十四冊）の除籍理由については、職員からの事情聴取の中で判断しましたが、一般図書百七十冊のうちの六十三冊、児童図書十七冊、雑誌三百五十四冊は、船橋市図書館資料除籍基準に基づき除籍したものでありました。

しかし、一般図書百七冊については、利用が低下しているものや、受入れ年月日の古いものなどがありましたが、除籍理由を明確にすることは出来ませんでした(4)。

そのうえで、職員からの数回にわたる事情聴取の結果、司書職員一人が除籍基準に基づかない蔵書百七冊を除籍したことを認めているとして、次のように説明する。

特定の著者の図書を一時期に大量に除籍した理由として、本人は利用者から「新しい歴史教科書をつくる会」について問合わせがあり、それを調べる目的で関係図書を集めたが、なぜ除籍してしまったかということについては、自分でも説明がつかないということでした。（略）

調査の中で、本人も思想的背景で除籍したことは否定しており、また教育委員会としても組織的に行われたものでないと判断いたしましたが、今回このような結果になってしまったことについては、意図的と思われても仕方がなく、市民の信頼を著しく損なうものであり、今後、このようなことが二度と起こらないよう、各館長に再発防止のための改善策について指示した（略）[5]

そのほか、除籍された図書は利用に供するため購入し、関係者の処分については教育委員会に諮って決定するというのが記者発表の要旨だった。

記者発表から二週間後、藤代孝七市長が「信頼を損ねて遺憾」と陳謝し、五月二十九日には、市教育委員会が廃棄処分をおこなった土橋悦子司書を減給十分の一（六カ月）の懲戒処分にしている。これで蔵書廃棄事件の全容がおよそみえてきたことになるが、それで一件落着とはならなかった。

同年八月十三日、「つくる会」と作家・井沢元彦ら八人（うち一人は死亡）が原告団になって、「表現の自由などの権利を侵害された」などとして船橋市と土橋司書を相手に計二千七百万円の損害賠償を求めて東京地方裁判所に提訴する。

ここから、この船橋市立図書館事件をめぐって、日本の公立図書館史上きわめて画期的で重要な図書館裁判が展開していくのである。

船橋市立図書館事件と図書館界の見解

いうまでもなく、この事件は、日本図書館協会が一九五四年に採択して七九年に改訂した「図書館の自由に関する宣言」（以下、「自由宣言」と略記）（本書巻末の資料1）の理念を踏みにじるものであるだけに、「図書館の自由に関する調査委員会」（現・図書館の自由委員会。以下、自由委員会と略記）がどのような見解を出すのか、元・自由委員会の一人だった筆者としては、少なからず関心があった。

自由委員会関東地区小委員会（委員長・山家篤夫）は、五月十四日に船橋市西図書館長、六月十日にA職員と面談している。「船橋市西図書館の蔵書廃棄問題に関する調査報告」によれば、次のような調査内容である(6)（抜粋）。

面談調査報告

(1)船橋市西図書館長の説明（五月十四日）

今年四月九日、産経新聞記者から、西部邁氏ら「新しい歴史教科書をつくる会」の著書がほとんどなくなっていることについて問い合わせがあり、急ぎ調査し、記者会見した。その際、汚破損や利用が少なくなったなどが理由として考えられると述べた。十二日に産経新聞に報道されたが、全職員から事情を聞くなどさらに調査し、五月十日に市議会に報告し、プレス公表した。

［除籍作業の流れ］

通常は、職員十四名中館内奉仕担当八名（うち、司書有資格者三名）が主題を分担し、紛失、長期延滞、汚破損などを除く内容判断を要するものについては、貸出回数、出版年をカウンター端末画面で確認して選定入力し、各館の書庫に移すか除籍処理を行う。翌月、リスト出力して館長が除籍を決裁する。

昨年八月の百七冊の除籍は、A職員が十、十四、十五、十六、二十五、二十六の六日間に選定入力し、除籍処理した。

［A職員から聴取した内容］

「新しい歴史教科書をつくる会」の教科書が入っているかという問い合わせがあり、調べてみようと思い、本を集めた。思想的観点から行ったことではない。

(2) A職員の説明（六月十日）

［図書を集めた経緯］

昨年八月はじめごろ、利用者から「つくる会の教科書のどこが問題になっているのか、分かりやすく書いた本はないか」と聞かれ、関連図書を知るために、職員とパートに本を集めてもらった。

展示とかリスト作成などは考えず、自分でも目的ははっきりしていないが、本を知る研修の一環で、「目次くらいは見てね」という感じだった。誰の著書を集めるという指示はしなかった。どのようなものが集まったのかというまとめもしなかった。

［ミスの可能性について］

除籍図書を入力するのは、狭いカウンター上の三台の端末で、貸出・返却、督促、レファレンス検索、利用者入力、寄贈本処理、除籍入力などの業務に回し使っていた。除籍入力は、対象本のバーコードをハンディターミナルで読み込むだけで完了し、その際、リストは出力できない。ミスが起こりやすい状況である。その後、パート職員が表紙を本体から剝がして廃棄する。

［市教委の調査について］

報道で犯人扱いされている感じがあり、記者に家族が声をかけられたり、市民からの告訴の可能性が言われたりする状況で、市教委の事情聴取が行われた。冷静・的確に対応できないまま自分がやったという文書に署名した。

この報告を受けて、日本図書館協会は、船橋市西図書館が「自由宣言の思想を踏みにじり、図書館に対する社会の信頼を傷つけたこと」について、協会が「みずからの問題として引き受けて謝罪し説明する責任があると判断し」、見解[7]を公表した（二〇〇二年六月五日）。

見解は、事実経過と「戦前・戦中における公権力の思想統制強化の中で、自主規制を進め、思想善導の役割を担っていった歴史」を振り返り、図書館界と社会に対して、「自由宣言」の一層の普及に力を尽くすことを表明している。

私たちは、「自由宣言」第1「資料収集の自由」の第2項において「多様な、対立する意見のある問題については、それぞれの観点に立つ資料を幅広く収集する」として、社会で問題として取り上げられることがらこそ、図書館が資料・情報を収集して国民の関心に応えることの重要性を確認しています。そして「自由宣言」第2「資料提供の自由」において、「図書館は、正当な理由がないかぎり、ある種の資料を特別扱いしたり、資料の内容に手を加えたり、書架から撤去したり、廃棄したりはしない」として、寛容と多様性の原理に基づく図書館は、排除の論理とは無縁であることを表明しています。

広く社会の論議を呼び注目を集めた歴史観に関連した資料を提供することは、図書館への社会の期待に応えるものであり、図書館の責務です。船橋市西図書館が、これらの蔵書を廃棄したことは、「自由宣言」の思想に反し、これを踏みにじるものと言わざるをえません。

これより先に、図書館問題研究会（以下、図問研）常任委員会による見解[8]（五月二十八日）が発表されている。そこでは、日本図書館協会の調査でも「廃棄の理由・背景についてはいまだ不明なままである」とし、「事実を解明した上でなければ、適切な見解を公表することはできないが、図書館資料としての図書の廃棄にあたって、図書館としてどのように考えるべきか社会的に問われている」ので、一般的見解を明らかにしたとしている。

見解は、①公共図書館における図書の廃棄について、②自治体における図書館行政の役割、③今回の廃棄処理の問題点、④図書館の自由とは何か――いわゆる「良書主義」との決別を――の四つの部分から成り立っているが、以後の論点をわかりやすくするため、③の「廃棄処理の問題点」の六点について要約する。

（1）廃棄基準に適合しない資料が多数あったことは、事実である。たとえ、ミスであるにしても、図書館資料の廃棄は慎重に行わなければならないことであり、それ自体、責任を問われる問題である。

（2）もし、何らかの政治的・思想的意図があったとすれば（略）極めて重大な問題であり、司書や図書館全体に対する信頼失墜行為であり、その責任は大きい。

（3）仮に、政治的・思想的な意図がなかったにせよ、実際に廃棄対象になった図書の内訳を見ると特定の著者が多く、かつ、廃棄基準に沿っていないものがあり、極めて不見識な行為と言わざるを得ない。

（4）当該の司書が実際にどの程度、関与していたのか、今後の調査を待たなければならない部分があるが、司書の資格を有している職員が、このように問題のある廃棄にかかわっていたとすると、その責任は大変重いと言わざるを得ない。関与したとされる司書は、専門家としての説明を公式に行う責務がある。

（5）図書館長は教育機関として決裁を行う。（略）図書館長がチェックを行っていなかったことの責任は重い。

（6）図書館長も司書の資格を持っていない、専門職制度を導入しているとはいえない図書館である。（略）図書館をこのような状態にしておいた行政側の責任も重い。

このあと図問研は、第四十九回全国大会（二〇〇二年七月）で、「図書館員の倫理綱領」を引いて「私たちは、図書館と図書館員に対する信頼を失墜させた、船橋市図書館と当該職員が責任を自覚することを求めます」とし、この問題を図書館員が「自らの問題として受け止め、図書館の自由と図書館員の倫理を踏まえた図書館サービスを実践することで信頼の回復に努め、国民の知る自由を支え」ていく決意表明をしている。(9)

以上が、東京地裁提訴までに出た主な見解や声明である。図書館員の独断と偏見による蔵書廃棄事件の重大性からすれば、いま少し、関連諸団体からの遺憾の表明と事件の究明があってもよかったのではないか。

地裁提訴後、自由委員会は、「船橋市西図書館の蔵書廃棄問題に関する調査報告」を「図書館雑誌」二〇〇二年十月号に発表している。報告書の一部については前述したが、それを踏まえた「まとめ」に目を留めたい。

（1）A職員が、昨年八月はじめ、「新しい歴史教科書をつくる会」会員らの著作蔵書を研修の一環として集めることを館内奉仕担当職員に提起・指示したことは、市教委とA職員がともに認めている。

（2）集められてくる蔵書百七冊について、A職員が八月十日から二十六日までに逐次除籍を決定・入力したという市教委調査結果に対し、A職員は少なくとも八月十五日は除籍作業を行う「気持ちのゆとりがなかった」と話している。一方、除籍作業は短い時間で行えるものである。また、市教委は事情聴取を行い、非常勤職員にA職員が廃棄作業を指示したとしているが、A職員からはこれに反論する事実や職員の証言は提示されなかった。

（3）この除籍・廃棄行為に思想的動機や組織的背景はなかったとすることで、市教委とA職員は一致している。

（4）市教委は、結果として「意図的であると思われても仕方なく、市民の信頼を著しく損なうもの」として上記処分〔減給〕を行った。[10]

なお、この年十月の全国図書館大会第九分科会（図書館の自由）では、山家篤夫関東地区委員長が基調報告のなかで、船橋市立図書館事件は、詳細を知りたいという意識は高かった事例だが、除籍の動機など明らかでない事件だと報告している。しかし、参加者から、「市教委の説明をなぞっているだけだ。ましてや、この問題が起きた具体的原因についてはまったく疑問のままで報告は承服できない」と意見が述べられた(11)。

このように、図書館界の声明や見解などを可能なかぎり客観的に引用したのは、記録することで同時代の不透明な「図書館の自由」の内実が漠然とでもみえてくるのではないかと思うからである。

2 図書館界の危機感

船橋市西図書館の蔵書廃棄の新聞記事を目にしたとき、おそらく誰もが、東條文規が書いていたように、「なぜ、こんなバカなことを、何かの間違いではないか?(12)」という思いにとらわれたにちがいない。少なくとも、筆者の周りではそういう反応がほとんどだった。これが事実だとしたら、歴史的な汚点といわざるをえないという強い危機感に襲われた。

なぜなら、新自由主義の政治的潮流にのまれて日本の公立図書館が方向性を見失い、苦境に立たされていたときだけに、この事件がもたらす波紋は小さくない。これからの公立図書館の運営に大きな影響を与えるだろうし、さらにいえば戦後の図書館史の転換点になりかねない。

しかし、図書館界が切迫した空気に包まれることはなかった。『ず・ぼん』座談会では、なぜ、すぐに船橋市立図書館事件を取り上げなかったかという問いに、編集委員の一人は「図書館界総体がもう鈍くなってしまっている。(略)もっと言ってしまえば、どうでもいいという感じをおれは受けてしまうんだよね」[13]とこぼしている。富山県立近代美術館・図書館事件（一九八六年）をきっかけに『ず・ぼん』を創刊した当の編集委員でさえ危機感を喪失していたのである。「座談会」に鋭さがなかったのは、なにも最高裁判決前だったからではない。それは、同じ号で沢辺均が指摘しているように、船橋市立図書館事件を「どこかに「右翼と左翼」という図式でモノを考えてたところがあった」[14]からにちがいない。忌憚なくいえば、すでに左右のイデオロギー論争が風化し、「つくる会」らの保守思想も破綻しつつあったにもかかわらず、旧態依然たる左翼信仰から抜け出せなかった図書館界は、特定の著者の図書が意図的に除籍され排除されても、何ら痛痒を感じなかったということである。

加えて、蔵書廃棄に関わったとされる土橋司書がＪＢＢＹ（国際児童図書評議会日本支部）理事で、児童文学作家でもある著名な図書館員だったために、事件の真相に迫る目と判断を曇らせてしまったといえる。なにも『ず・ぼん』だけのことではない。そうした逡巡と政治的判断は、日本図書館協会をはじめとする図書館関連諸団体にも間違いなく存在していた。そうでなければ、先の声明や見解だけで終わるはずがない。

かつて船橋立西図書館の蔵書廃棄と類似した「図書館の自由」侵害事件があった。一九七三年の山口県立山口図書館蔵書隠匿事件[15]（山口図書館事件）である。

新築開館まもない県立山口図書館で、視察に訪れる知事の意向をおもんぱかり、整備課長が「特定の政党や思想、宗教などに偏った書籍を一般に貸出するのは、好ましくないと思っていた」ので、「図書館の中立性を欠いたり、公序良俗に反することをモノサシ」に開架書架から恣意的に蔵書約五十冊を抜き取り、段ボール箱に詰めて書庫の奥に隠した事件である。隠匿された蔵書の大半は、家永三郎、小田実、吉本隆明、不破哲三らのいわば左翼的立場にある著者らの著書だった。

このときの事件の発端は、同館司書が放置されていた段ボール箱を発見し、友人の牧師に告発を依頼したことだった。牧師の訴えを受けて、「毎日新聞」記者が取材し、初めて事件が明るみに出た（一九七三年八月二十八日）。記者らの質問に対して、館長は「課長個人がやったことだ」「移転前後の忙しさに紛れて忘れていた。単なる作業上のミス」と答えている。隠匿放置されていた蔵書は、直ちに元の位置に配架され、館長以下三人が県教育委員会から「県民の疑惑と不信を招いた」として行政処分を受けている。

図書館界の動きはどうだったかといえば、まず、事件発生直後に、図問研は全国大会の三つの分科会で討議を重ねて「図書館の自由」を守る決議を全体会で採択している。全国図書館大会前には、図問研が大学図書館問題研究会と共同で、広く図書館関係諸団体に呼びかけ、大会での決議要望書を作成し、日本図書館協会に提出。同年十二月、協会に「図書館の自由」委員会の設置を求めるなど、両研究会は主導的な役割を果たした。

一方、日本図書館協会は、河井弘志によれば、「同僚を裁くことにためらいを覚えたため、あるいは山口図書館を裁けば自館において裁かれるリスクをおかすことになる」ため、各方面から「態度不明確を痛罵され[16]」たという。全国図書館大会での対応は「現在調査中」と事件を起こした図書館の名前を伏せ、討議もないまま「自由宣言」だけを再確認する歯切れがわるいものだった。しかし、それでも翌年には、「図書館の自由に関する調査委員会」を設置して「自由宣言」改訂に向けて動きだしている。

　要するに、船橋市立図書館事件は約三十年前の県立山口図書館事件と同じ、図書館員による資料提供制限であり、典型的な「図書館の自由」侵害事件である。事件の発端から図書館側の公式説明、行政処分に至るまで、隠匿された蔵書と廃棄された蔵書のイデオロギーが違うだけで、その構造的体質はコインの裏表にすぎない。だが、事件を受けての図書館界内外の動きと対応には、時代の流れとはいえ、微妙に意識の温度差がみられる。

　いずれにしても、船橋市立図書館事件の核心は、「図書館の自由」が侵害されたことにある。「つくる会」の本がどうこうとか、どのような廃棄手続きをしたかなどが重要なのではない。重要なのは、これまで外部の圧力や干渉、誤解に対し、過敏に反応し、執拗なまでに抗議などを繰り返してきた専門職の内側から侵害事件が起きたという客観的事実である。

　初期アメリカ図書館員の検閲観を示すとしてしばしば引用されるアーサー・ボストウィックの「検閲官としての図書館員」は、公立図書館の教育的機能が増大すれば、なにか好ましくない点がある蔵書は書架から積極的に排除しなければならない、[17]と述べている。おそらく、ＪＢＢＹ理事で児童文学作家でもある司書は、つとにこの検閲観に支えられてきたのだろう。

　だからこそ、「著者の思想的、宗教的、党派的立場にとらわれて、その著作を排除することはしない」（第一「資料収集の自由」副文二〔二〕）や「図書館は、正当な理由がないかぎり、ある種の資料を特別扱いしたり、資料の内容に手を加えたり、書架から撤去したり、廃棄したりはしない」（第二「資料提供の自由」副文一）とした「自由宣言」の原則に反することに、何ら罪悪感を覚えなかったのだろう。

しかし、同司書に求められるのは、県立山口図書館事件で再確認された「自由宣言」の原則を貫く、寛容と勇気をもって、専門職としての自律性を厳守することだった。

こうした根本的な問いに対する論議を図書館界は意識的に避けたように思える。まったく拱手傍観だったわけではないが、船橋市立図書館事件に大きな衝撃を受けた市民や図書館員に対し、先の声明や見解だけでは、十分な説明責任を果たしているとはいえない。また、「知る自由」の保障という本質的な問題を置き去りにしているようにみえる。これでは、たび重なる「図書館の自由」の侵害に鈍感になり、図書館員の自律性が失われていることに気がつかずにいると批判されても仕方ないだろう。

いったい、図書館・図書館員は、これまで何を学んで何を擁護してきたのだろうか。

こうして、船橋市立図書館事件は、法廷で争われることになる。

3　船橋市立図書館事件と図書館裁判

東京地裁判決

二〇〇二年八月十三日、作家・井沢元彦ら八人と「つくる会」は、廃棄基準に該当しないのに「著書を捨てられ、言論弾圧をうけた」(「毎日新聞」〔東京版〕二〇〇二年八月十四日付)として、廃棄処分をした船橋市西図書館の司書と船橋市に総額二千七百万円の損害賠償を求めて東京地裁に提訴した。原告側は、「廃棄理由が明らかにされておらず、謝罪もない。廃棄は文明に対する犯罪で再発を防ぐために提訴した」（「産経新聞」〔東京版〕二〇〇二年八月十四日付）と説明している。

公立図書館で閲覧に供していた図書を、図書館職員が個人的な好みによって廃棄したことで、著者としての人格的利益が侵害されたなどとして、著者が公立図書館を設置する地方公共団体に対して国家賠償を求めたものである。このような裁判では、一般的には著者に損害賠償請求権が認められるかどうかが最大の争点といわれるが、図書館関係者にとっては、「本件除籍等の違法性の有無」が最大の関心事だったといえるだろう。争点は次のとおりである。

①本件除籍などをおこなったのは被告土橋か否か。
②本件除籍などの違法性の有無。
③被告土橋の被告適格の有無。
④原告らの損害額。

訴訟の判決は、翌年の九月九日に東京地裁で言い渡された。主文は、「原告らの請求はいずれも棄却する」というものだった。争点はいくつかあったが、はじめに除籍などをおこなったのが土橋司書か否かの事実認定についての法律的判断をみておきたい。

被告土橋は、本件除籍等の対象となった西部邁氏らの著書について批判的な態度を示していたほか、日頃から西図書館における購入図書の選択（選書）に偏りがあると主張していたことが窺われるのであって、原告つくる会及びその賛同者に対して否定的評価を抱いていたことや、他の職員に対して原告等の著書を書棚から抜いてくるように指示して手元に集めた上、自分でこれらの書籍を除籍したこと、また、被告船橋市による事情聴取に対して本件除籍等を行ったことを自認して、その旨の上申書を提出していることなどが認められるほか、被告土橋に対して本件除籍等を行うよう指示したような職員は見あたらないことなどの事実に照らし考えれば、本件除籍等は、原告つくる会らを嫌悪していた被告土橋が単独で行ったものと認めるのが相当である。(18)

この判決理由に示されている事実認定からいえば、先の図書館界の声明や見解、調査報告がいかにおざなりだったかがわかるだろう。

さらに判決は、土橋司書の行為そのものについても、船橋市西図書館の廃棄基準を無視し、「個人的な好き嫌いの判断によって大量の蔵書を廃棄し」たことは、市の公有財産を不当に損壊したことになるので、違法性は明らかだと厳しく断じている。しかし、原告との関係で違法かどうかについては、「原告に法的権利ないし法的保護に価する利益が存在する必要がある」とし、原告らの主張を検討する。

その一つ、原告らが憲法第十九条「思想良心の自由」に基づいて、「表現行為としての著書に対する図書館利用者からの反応・反響を通して自らの思想・信条を省み、あるいは深化させる機会を公権力によって妨げられない権利」が原告らにあるとし、「除籍という不利益」が原告らの権利を侵害したとする主張は、「人間の精神活動が外部に対して発表された後に観念しうるものであって、同条による保護の範囲に含まれるものではない」と退けている。[19]

次に注目したいのは、原告らが憲法第二十一条の「表現の自由」を根拠として、①表現を公表する方法の一つである図書館内で公正な閲覧に供される利益を不当に奪われない権利、②公立図書館で購入された著書を適正・公正に閲覧に供され保管・管理される権利、③公立図書館がある書籍を購入した場合、その書籍を恣意的に廃棄されず、図書館利用者への思想・表現などの伝達を妨害されない権利を有しているとして、廃棄によってこれらの権利・利益を違法に侵害されたとする主張に対する法律的判断である。

これには、図書館法第二条第一項の図書館の定義を引いて、その存在意義を明らかにし、著者側が主張した「その著作が様々な図書館に所蔵され、一般読者等の閲覧に供せられることは、その思想や信条などの表現行為が広く社会の構成員である市民に知らされ理解される機会を得ることであり、重要な表現伝達である」という視点に理解を示しながらも、以下のような判断を示して権利の存在を否定している。

著者にそのような権利を認めるとするならば、地方自治体の図書館は本国内で発行されたすべての書籍を購入するなどして市民の閲覧に供しなければならないことになるであろうが、毎年膨大な量の書籍が出版されているわが国の実情にかんがみれば、そのようなことは社会的、経済的、物理的に不可能であるばかりではなく、相当でもないことが明らかである。[20]

　また、現在、効力を有する図書館法や「公立図書館の設置及び運営上の望ましい基準」で、著者が地方自治体に対して、市民の閲覧に供するために著書を購入するよう法的に要求する権利を定めた条項は存在しないと述べている。

　さらに、原告らが「表現の自由」を基礎にした「自由宣言」の観点から、「著者を含めて国民は公立図書館に対して公平な資料収集の権利を有する」「一旦、公立図書館がある書籍を購入したとすれば、著者はその書籍を恣意的に破棄されない具体的権利を有する」とし、そこから派生する権利や利益が侵害されたと主張した点については、「自由宣言」が「日本図書館協会という私的団体が採択した宣言文書であり、その内容は何ら法的規範性を有するものではなく、この宣言によって地方自治体の図書館が原告らが主張するような法的義務を課せられるものではない」と一蹴した。[21]しかも、原告らは、蔵書廃棄が憲法第二十一条第二項が禁止している検閲あるいはこれに類する行為に該当するもので違法だと主張していたが、これについても、次のような考えを示している。

　検閲とは、対象とされる一定の表現物につき網羅的・一般的に発表前にその内容を審査した上、不適当と認めるものの発表を禁止することを指すものであるところ、本件除籍等は、既に一般に発売されている書籍について、被告船橋市の西図書館での閲覧を中止し、あるいは閲覧中止とともに廃棄したものであり、原告らによる書籍の出版行為などを事前に制限したものではないことが明らかであるから、本件除籍等が検閲に該当するとの原告らの主張は、その余の点について判断するまでもなく、失当なものである。[22]

著作者人格権については、司書の行為は、蔵書そのものの廃棄であって表現内容を変更したわけではないので、侵害にはあたらないと述べている。

このように判決は、被告・土橋によって除籍などがなされた図書は、すべて被告船橋市が購入して所有し管理していたものであって、原告らの所有・管理に属するものではなく、これらの蔵書をどのように取り扱うかは、原則として被告・船橋市の自由裁量に任されているところであり、仮にこれを除籍するなどしたとしても、それらが直ちにその著者との関係で違法になることはない、と原告の請求を棄却した。

翌日の新聞各紙は、「図書館の蔵書廃棄　市の自由裁量」（「読売新聞」）、「蔵書廃棄、市の裁量権内」（「毎日新聞」）と報じた。「産経新聞」は「大量廃棄訴訟実質的に勝訴」と書いている。

弁護団はこの判決を不服として、直ちに東京高裁に控訴している。

東京高裁の控訴審判決

控訴にあたって原告側は、新たに①検閲行為、②平等権の侵害、③公貸権などの主張を加えた。しかし、およそ半年後の二〇〇四年三月三日の東京高裁の控訴審判決は、以下のような法律的判断を示して地裁の第一審を支持し、原告の主張を退けている。

当裁判所も、控訴人らの本件請求は理由がないものと判断する。そのように判断する理由は、次のとおり付加するほかは、原判決の「事実及び理由」のうち、「第三　当裁判所の判断」に説示するとおりである。[23]

原告が新たに加えた主張の一つ検閲行為については、「憲法二十一条の禁止する検閲とは、行政権が主体となって、思想内容等の表現物を対象とし、発表前にその審査をした上で、不適当と認めるものの発表を禁止することをいうものと解される」から、除籍などはこれに該当しないとしている。

また、原告は廃棄行為のために精神的損害をこうむったとして平等権の侵害を主張したが、控訴審判決は、それには「侵害されるべき法的権利ないし法的保護に価する利益が存する」ことが前提になるから、たとえ不合理な差別的扱いを受けたとしても、それが直ちに損害賠償請求権が発生することにはならないとして、その主張は採用できないとしている。

公貸権については、「法的に保護されるべきものであることを直接根拠づけるような内容にまでその議論が及んでいるとは理解し難い」とし、「法的権利を基礎づけるものとは解されない」と否定している。

ただし、船橋市と職員との対応については、控訴人らの批判に次のように理解を示した。

確かに公立図書館において、定められた手続に従って購入され、閲覧の供されている書籍を、定められた手続に則ることなく、ある公務員個人の信条に反するとの理由により、廃棄するような行為が公立図書館の運営上許されざる行為であることは、論を待たない。しかも、本件除籍等について、被控訴人船橋市から事情聴取を受け、懲戒処分を受けながら、今もって、本件に関して、明確な対応を示さない被控訴人Aに対して、憤る控訴人らの心情は無理からぬ面があるというべきである。また、被控訴人船橋市においても、その職員が内部処理基準に反し、西図書館の管理・運営上著しく不適切な行為を行い、控訴人らに誠に不快な事態を生じさせたにもかかわらず、その事態を生じさせた行政運営上の原因等について、必ずしも十分な解明をするまでには至らず、そのため、控訴人らに対して必ずしも十分な事後説明等がなされたとは認められないので、被控訴人船橋市の対応を不満とする控訴人らの批判は理解できないものではない。(24)

しかしながら、東京高裁の控訴審判決は、本件控訴に「直ちに控訴人らの法的権利ないし法的保護に価する利益に侵害があったとはいえないことは明らかである」から、原審判決は相当であり、棄却したと結論する。控訴人らの弁護団が、最高裁に上告したことはいうまでもない。

著者と図書館の法廷闘争は、いよいよ最高裁で争われることになる。

最高裁判決

二〇〇五年七月十四日、最高裁判所第一小法廷は、井沢元彦らが船橋市に二千四百万円の損害賠償を求めた訴訟の上告判決で一審と二審の判決を破棄し、賠償額の認定のため審理を東京高裁に差し戻した。

最高裁判決は、はじめに原審の確定した事実関係などの概要を示し、「著作者は、自らの著作物を図書館が購入することを法的に請求することができる地位にあると解されないし、その著作物が図書館に購入された場合でも、当該図書館に対し、これを閲覧に供する方法について、著作権または著作者人格権等の侵害を伴う場合は格別、それ以外には、法律上何らかの具体的な請求できる地位に立つまでの関係には至らないと解される」とした原審の判断は是認することができないとした。その理由を次のように述べる。[25]

（1）図書館は、「図書、記録その他必要な資料を収集し、整理し、保存して、一般公衆の利用に供し、その教養、調査研究、レクリエーション等に資することを目的とする施設」であり（図書館法二条一項）、「社会教育のための機関」であって（社会教育法九条一項）、国及び地方公共団体が国民の文化的教養を高め得るような環境を醸成するための施設として位置付けられている（同法三条一項、教育基本法七条二項参照）。公立図書館は、この目的を達成するために地方公共団体が設置した公の施設である（図書館法二条二項、地方自治法二百四十四条、地方教育行政の組織及び運営に関する法律三十条）。そして、図書館は、図書館奉仕（図書館サービス）のため、①図書館資料を収集して一般公衆の利用に供すること、②図書館資料の分類排列を適切にし、その目録を整備することなどに努めなければならないものとされ（図書館法三条）、特に、公立図書館については、その設置及び運営上の望ましい基準が文部科学大臣によって定められ、教育委員会に提示するとともに一般公衆に対して示すものとされており（同法十八条）、平成十三年七月十八日に文部科学大臣によって告示された「公立図書館の設置及び運営上の望ましい基準」（文部科学省告示第百三十二号）は、公立図書館の設置者に対し、同基準に基づき、図書館奉仕（図書館サービス）の実施に努めなければならないものとしている。同基準によれば、公立図書館は、図書館資料の収集、提供等につき、①住民の学習活動等を適切に援助するため、住民の高度化、多様化する要求に十分に配慮すること、②広く住民の利用に供するため、情報処理機能の向上を図り、有効かつ迅速なサービスを行なうことができる体制を整えるよう努めること、③住民の要求に応えるため、新刊図書及び雑誌の迅速な確保並びに他の図書館との連携・協力により図書館機能を十分発揮できる種類及び量の資料の整備に努めることなどとされている。

公立図書館の上記のような役割、機能に照らせば、公立図書館は、住民に対して思想、意見その他の種々の情報を含む図書館資料を提供してその教養を高めること等を目的とする公的な場ということができる。そして、公立図書館の図書館職員は、公立図書館が上記のような役割を果たせるように、独断的な評価や個人的な好みにとらわれることなく、公正に図書館資料を取り扱うべき職務上の義務を負うものというべきであり、閲覧に供されている図書について、独断的な評価や個人的な好みによってこれを廃棄することは、図書館職員としての基本的な職務上の義務に反するものといわなければならない。

（2）他方、公立図書館が、上記のとおり、住民に図書館資料を提供するための公的な場であるということは、そこで閲覧に供された図書の著作者にとって、その思想、意見等を公衆に伝達する公的な場でもあるということができる。したがって、公立図書館の図書館職員が閲覧に供されている図書を著作者の思想や信条を理由とするなど不公正な取扱いによって廃棄することは、当該著作者が著作物によってその思想、意見等を公衆に伝達する利益を不当に損なうものといわなければならない。そして、著作者の思想の自由、表現の自由が憲法により保障された基本的人権であることにもかんがみると、公立図書館において、その著作物が閲覧に供されている著作者が有する上記利益は、法的保護に値する人格的利益であると解するのが相当であり、公立図書館の図書館職員である公務員が、図書の廃棄について、基本的な職務上の義務に反し、著作者又は著作物に対する独断的な評価や個人的な好みによって不公正な取扱いをしたときは、当該図書の著作者の上記人格的利益を侵害するものとして国家賠償法上違法となるというべきである。

さすがに、この図書館裁判には報道メディアも無関心ではいられなかった。テレビカメラや新聞記者が入っていたようで、五分ほどの法廷とはいえ逆転判決になったのだから、五大紙が一斉に報道している。

「最高裁、「不当」の初判断「つくる会」著作処分の市立図書館」「朝日新聞」二〇〇五年七月十四日付、「「つくる」逆転勝訴へ 独断廃棄は利益侵害」「産経新聞」二〇〇五年七月十五日付、「公立

図書館の蔵書 独断廃棄は著者の利益侵害」「日本経済新聞」二〇〇五年七月十四日付、「「著者の利益侵害」と判断 図書館の蔵書独断で廃棄」「毎日新聞」二〇〇五年七月十四日付、「「著作者の利益侵害」最高裁逆転判決 著者に言論を守る権利」「読売新聞」二〇〇五年七月十四日付。

公立図書館は住民に対して思想や意見などを含めてさまざまな情報、資料を提供している。最高裁はその役割に加えて、「著者にとっても考えや意見を人々に伝える公的な場だ」と初めて認めた。この考えを支持したい[26]。

船橋市立図書館のような問題は、他の自治体でも起こり得るケースだ。今回の最高裁判決を踏まえ、蔵書の取捨選択は地域住民の立場から、公正に行われるべきである[27]。

これに対し、日本図書館協会が「最高裁判決にあたって」の声明を発表したのは、判決から三週間後の二〇〇五年八月四日である。

日本図書館協会は、図書館の目的と社会的責任を表明する「図書館の自由に関する宣言」(一九七九年五月三十日、総会決議。以下「宣言」)において、「図書館は、基本的人権のひとつとして知る自由をもつ国民に資料と施設を提供することをもっとも重要な任務とする。」とし、かつて思想善導の機関として国民の自由を妨げる役割さえ果たしたことの反省にたって、「国民の知る自由を守り、広げていくこと」を図書館の責務としています。

本件判決は、教育基本法、社会教育法、図書館法、地方教育行政の組織及び運営に関する法律等の関係条文さらに「公立図書館の設置及び運営上の望ましい基準」を参照・引用し、公立図書館は、「住民に対して思想・意見その他の種々の情報を含む図書館資料を提供して、住民の教養を高めること等を目的とする公的な場」であると位置づけました。

これまで裁判所は、図書や新聞などの「閲読の自由」を憲法が保障する基本的人権と認知しています（東京拘置所の「よど号」ハイジャック記事抹消事件、最高裁昭和五十八年六月二十二日大法廷判決）が、知る自由を実際に保障する重要な機関である公立図書館については、「公の施設」（地方自治法第二百四十四条）と位置づけるに止まり、したがって資料提供については施設の設置者の大幅な裁量権を認めていました（東大和市立図書館の犯罪少年本人推知記事閲覧禁止事件、東京高裁平成十三年（行コ）第二百十二号判決）。本件判決は、公立図書館の職員による独断的な蔵書の廃棄は国家賠償法上違法となると判示することにより、公立図書館は国民の知る自由を保障する「公的な場」であると憲法上認知したものと言えるでしょう。この点、本判決は「宣言」の基本的立場に同意するものであり、今後の図書館事業にとって重要な指針を示したものと言えます。

図書館員の自律的規範を表明する「図書館員の倫理綱領」（一九八〇年六月四日、総会決議。以下「綱領」）は、「図書館員は図書館の自由を守り、資料の収集、保存および提供につとめる」として、これを侵す「いかなる圧力・検閲をも受け入れてはならないし、個人的な関心や好みによる資料の収集・提供をしてはならない」としています。

　裁判で認定された司書職員の行為は、図書館職員による検閲ともいうべきことであり、「宣言」と「綱領」を踏みにじるものと言わざるをえません。その要因を排し、図書館に対する国民の信頼を回復し期待に応えるため、収集や除籍等の方針、基準、手続きを明文化して公開することは、図書館として運営の透明性を高め、説明責任に応える上で喫緊の取り組みです。また、図書館経営においては、図書館職員一人ひとりを図書館運営やサービス計画の策定、実施、評価の担い手とし、集団としての専門的能力を育む人事的配慮が基本に据えられるべきことを、今回の事件は改めて提起しています。

　今回の判決は、原告や社会全体からの当該職員と図書館に対する厳しい批判を代弁するものです。当協会は、このような事件によって図書館への国民の期待と信頼の根底を傷つけた責任を真摯に受け止め、全国の図書館と図書館員とともに「図書館の自由に関する宣言」と「図書館員の倫理綱領」を自律的に実践することを改めて表明します。[28]

　筆者はこの声明をみて、正直にいって失望した。これでは、ただの批評でしかない。残念ながら、これが現在の「図書館の自由」の悲しい思想的現実である。

　二〇〇五年十一月二十四日、東京高裁差し戻し判決が下された。主文は、「原判決を次のとおり変更する」とし、「(1) 被控訴人は、控訴人らに対し、各三千円及びこれに対する平成十三年八月二十六日から支払い済みまで年五分の割合による金員を支払え。(2) 控訴人らのその余の請求を棄却する」[29]というものだった。

これで著者と図書館の初めての法廷闘争は終わったといえるが、本当の意味で、公立図書館が試練の場に立たされるのはこれからではないだろうか。

4 図書館裁判と公立図書館の思想性

ここまでこの船橋市立図書館事件の経緯と一審から最高裁判決に至る図書館裁判の客観的事実を詳述してきた。この裁判が日本の公立図書館史上、きわめて重要な意味をもつと考えるからである。少なくとも、最高裁が初めて日本の公立図書館の基本的性格と図書館員の社会的責任を法律的判断として明確に示したことは特筆に値する。

この裁判にはそのほかに注目すべき点がいくつかある。大きく分けると次の三点になる。一つ目は、所蔵している図書館資料の取り扱いをめぐって、公立図書館と司書が裁判に訴えられたこと。二つ目は「著作者が著作物によってその思想、意見等を公衆に伝達する利益」は法的保護に値する人格的利益に相当すると逆転判決が下ったこと。三つ目は、「自由宣言」が何ら法的規範性を有するものでない「私的文書」とされながらも、直接の言及はないにしても、最高裁の法廷でもその理念と原則は争点の一つだったこと。

これまでにも図書館資料の収集や提供をめぐって利用者と図書館側の利害が対立して論議を呼ん

だ事例は、前述の県立山口図書館事件や『ちびくろサンボ』事件（一九八八年）、『タイ買春読本』事件（一九九六年）、東大和市立図書館事件（二〇〇〇年）など枚挙にいとまがないが、著者から公立図書館や司書が訴えられ、蔵書廃棄をめぐって裁判で争われたのはきわめて異例なことである。

そこで、この船橋市立図書館事件の図書館裁判を通して明らかになった日本の公立図書館の基本的性格と位置づけ、「図書館の自由」の思想性を冷静に検討し、その社会的認知について再確認することは、決して時間の浪費とはいえないだろう。

「公的な場」と公立図書館の基本的性格

船橋市立図書館事件は、公立図書館が所蔵している図書館資料の著作者から、憲法で保障されている基本的人権が侵害されたとして、自治体と図書館職員が裁判に訴えられた初めての事例である。これまでに著作者から訴えられたり、公立図書館の基本的性格や役割が裁判で大きく争われることがなかっただけに、社会の耳目を引いた。

前述の県立山口図書館事件のときは、マスコミや図書館諸団体、文化団体などの激しい追及こそあったが、「図書館の自由」侵害事件を告発して「知る権利」を主張した牧師は、裁判に訴えることはなかった。

もちろん、それ以前に、図書館のあり方が法廷で争われた例もまったくなかったわけではない。

富山県立図書館『図録』事件では、一九八八年五月、図書館所蔵資料の閲覧制限が初めて行政不服審査法による審査の対象になったし、図書館が通り魔事件の少年容疑者を実名報道した月刊誌の閲覧を禁止し、市民が「知る自由」を侵害されたとして損害賠償を求めた東大和市立図書館事件もある[30]。これらの裁判では、公立図書館は、地方自治法第二百四十四条第一項の「公の施設」として位置づけられ、その利用の制限に関する権限などが争われた。

船橋市立図書館事件の地裁と高裁の判決も、基本的には公立図書館が地方自治法でいう「公の施設」にあたるとし、その観点から廃棄が船橋市の合理的で広範な裁量行為に委ねられるとして、著作者の法的権利ないし法的保護の存在を否定した。一審と二審の判決は、いわばこれまでの伝統的な法律的判断を守ったといえる。

しかし、最高裁では、横尾和子裁判長が、図書館法（第二条第一項第二項、第三条、第十八条）、社会教育法（第九条第一項）、教育基本法（第七条第二項）、地方自治法（第二百四十四条）、地方教育行政の組織及び運営に関する法律（第三十条）に加えて、公立図書館の設置及び運営上の望ましい基準（文部科学省告示第百三十二号）に至るまで、いま現在、効力がある関係法規・条文を参照・引用し、公立図書館の基本的性格や役割を明確にし、「公立図書館は、住民に対して思想、意見その他の種々の情報を含む図書館資料を提供してその教養を高めることなどを目的とする公的な場」として、法体系上に位置づけた。

これ以前も図書館教育の現場では、日本の法体系上に公立図書館を位置づけて論議を展開してきたが、ついに裁判を通して法的な社会的認知を受けることになったのだから、これ以上のことはない。しかも、「公の施設」とするにとどまらず、「思想、意見などを公衆に伝達する公的な場」であるとしたことは、新たな段階の公立図書館の基本的性格を示唆したものといえる。

山本順一は講演のなかで、この判決が画期的なのは「公的な場」という理念を用いていることだとして、次のように述べている。

　「公的な場」の理念とは、市民の表現活動を保障するための手段と場所が要るということです。駅前広場とか道路とか公園という人が集まる場所では、その施設、設備が本来持つ機能を損なわない程度において表現行為が許されるべきであり、そうした施設の一つに、実は公共図書館が含まれるのです(31)。

　それは、アメリカ図書館協会の「図書館の権利宣言」前文（本書巻末の資料2）にみる「図書館が情報や思想のひろば」であるというパブリック・フォーラムの考え方に近い。もともとアメリカにはパブリック・フォーラム論という法理が存在しているが、川崎良孝や前田稔の研究によれば、概してアメリカの公立図書館は制限的パブリック・フォーラムととらえられてきたという。しかし、「パブリック・フォーラムは本質的に自由な空間であるとされ、必要最小限の制約だけが許される」ものであり、アメリカ図書館協会は、公立図書館も公園や街路に匹敵するとする伝統的なパブリック・フォーラム論を訴訟戦略として登場させている(32)という。

　これらのことから、判決のなかの「公的な場」論は、あらゆる見解や思想が交流する自由な広場として、資料を収集・提供し、その種類や形態を問わず、市民の「知る自由」を制度的に保障する公立図書館の基本的性格を示したといえる。それは日本の公立図書館に向けられる社会的認知の現時点での到達点と考えていいだろう。

すなわち、公立図書館の基本的性格についての法律上の解釈の論議がようやくスタート地点に立ったということである。おそらく、この判例上の公立図書館の位置づけは、今後、日本の図書館界が期待する方向で確立されていくだろう。

著作者の人格的利益の保護と蔵書構成方針

この最高裁判決では、「公立図書館において、その著作物が閲覧に供されている著作者が有する法的利益は、法的保護に値する人格的利益である」という初めての法律的判断が下された。そして、最高裁が賠償額の認定のために審理を東京高裁に差し戻した訴訟は、二〇〇五年十一月二十四日、井沢元彦ら原告の人格的利益が侵害されたことによって著者が受けた無形の損害に対し、一人あたり三千円相当の賠償命令を言い渡している。

ここで大事なことは、賠償額の多寡ではない。いま視野に入れるべきは、公立図書館の職員が「閲覧に供されている図書を著作者の思想や信条を理由とするなど不公正な取扱いによって廃棄すること」が、著作者の人格的利益を侵害するとして法的保護に値すると判示されたことにある。すなわち、新たに法的保護に値する利益が認められたことになる。

それは、これからの公立図書館の資料収集と提供での利用制限措置に微妙な影響を与えるおそれがある。とりわけ、公立図書館の蔵書更新を困難にすることがありうる。

一審では、原告らの「利用者への思想・表現などの伝達を妨害されない権利」を侵害されたという主張に対し、「著者にそのような権利を認めるとするならば、地方自治体の図書館は本国内で発行されたすべての書籍を購入するなどして市民の閲覧に供しなければならない」ということになり、経済的・物理的に不可能だとして、著者に法的保護に値する人格的利益を認めなかった。また、原告らが主張する「表現の自由」ないしそこから派生する権利や法的利益についても、「購入して閲覧に供することによって生じる事実上の利益にすぎない」と述べて、違法性を否定していた。二審もそれを支持した。それが、最高裁では、蔵書の廃棄は著作者の利益を侵害するとし、法的保護に値するとした逆転判決になった。そのうえで、「表現の自由」が憲法で保障されている基本的人権であることを考えると、「著作物によって思想や意見等を公衆に伝達する公的な場」とされた公立図書館は、著作者の人格的利益を保護することに違和感は覚えても、正面きって反論は唱えにくい。

実際、表現の送り手としての著作者にとって、公立図書館は著作物によって思想や意見などを公衆に伝達する「公的な場」であるとともに、市民が誰からも妨げられずに「表現を受け取る自由」(「知る自由」)を保障している「公的な場」でもある。たしかに、その限りでいえば、図書館職員が著作者の思想・信条を理由に著作物を「独断的な評価や個人的な好みによって」除籍し廃棄すれば、著作者に生じる人格的利益は損なわれるとみることはできる。しかし、これには前提がともなう。一般論としては成り立たない。

なぜなら、経済的にも物理的にも公立図書館の収容能力は無限ではないからである。このため、収集選択はもとより、その蔵書構成についても、これまで「公の施設」としての広範な裁量権が図書館長に認められてきた。

富山県立図書館『図録』事件の採決で、「公の施設である図書館の管理運営の方針及び具体的な措置は、図書館長に決定権限がある」という判断が示されているし、東大和市立図書館事件でも東京高裁は、「公立図書館がすでに市販された図書について閲覧を禁止することは表現の事前抑制には該当しない」「公立図書館は全ての蔵書を提供することを義務づけられているものではなく、正当な理由があれば閲覧禁止を含む利用制限をできると解すべきである」(33)とした。これらのことでもわかるように、公立図書館の権限と機能は、「公的な場」と位置づけられても基本的に守られるべきである。

したがって、著作者の人格的利益は、船橋市立図書館事件のように、著作者の思想・信条を理由に図書館員が「独断的な評価や個人的な好みによって」著作物を書架から取り除いたり廃棄したりして著作者の「表現の自由」を侵害した場合に限って、保護されるべきだろう。

そうでなければ、著作者が公立図書館の選書や廃棄・除籍などの裁量行為に深く関わってくるおそれがある。つまり、著作者が公立図書館に所蔵する自らの著作物について、選書や除籍で「不公正な取り扱い」を受けているかどうかなどと立ち入って、「公衆に伝達する利益」が不当に損なわれたと訴えることができると解釈することが可能である。著作者の人格的利益の保護を公立図書館に求めるこの司法判断は、そのように解釈する余地を残しているだけに、図書館・図書館員にとって歓迎できるものではない。

たとえば、船橋市図書館資料除籍基準の除籍対象資料には、「カ）内容が古くなり、資料的価値のなくなったもの。キ）利用が低下し、今後も利用される見込みがなく、資料的価値のなくなったもの」などがあるが、これらは、蔵書更新という新陳代謝のために必要な蔵書構築の一環として、一般的には、公立図書館の合理的かつ広範な裁量行為と認められている。しかし、除籍・廃棄は、基準を厳守するかどうかで判断が分かれることがしばしばあるだけに、著作者の立場からすれば、すべて「不公正な取り扱い」のようにみえるだろう。

こうしたことによって、図書館員が「著作者の思想や意見を公衆に伝達する権利」を損なうことを恐れて、著作物の除籍や廃棄に躊躇したりすると、必然的に専門職としての自律性が損なわれてしまう。それでは、市民の信頼を得る適切な魅力ある蔵書を構築するのが、ますます難しくなる。

蔵書の廃棄は、物理的に損なわれたり、年代的にも内容的にも古くなったときに、蔵書構成方針や市民らの知的要求に応えるために、取り除いたり新版と取り換えたりするものである。著作者や利用者あるいは図書館員が、自己の都合のいいように恣意的にその基準を解釈し利用することはあってはならないのである。

判決理由が「公立図書館の図書館職員である公務員が、図書の廃棄について、基本的な職務上の義務に反し、著作者又は著作物に対する独断的な評価や個人的な好みによって不公正な取扱いをしたときは、当該図書の著作者の上記人格的利益を侵害するもの」（傍点は引用者）としたのは、蔵書の廃棄が著作者の「表現の自由」に影響を及ぼすときに限っての違法性を認めたと考えるべきである。

すなわち、著作者の人格的利益の保護は、あくまでも、図書館・図書館員が「独断的な評価や個人的な好み」を理由に裁量行為を逸脱したときに限るものであって、それ以外はとうてい認めがたい。

　もっとも、この判決をきっかけに、図書館・図書館員が意識的・無意識的に図書館資料の取り扱いをめぐって萎縮したり著作者に配慮したりすることになれば、それこそ収集選択の自主規制を招きかねない。それは、結果的に資料や情報の多様性を閉ざすことになり、市民の「知る自由」をますます制約することになる。それを防ぐためには、公立図書館は、市民の知的要求に応える蔵書構成の基本方針を成文化して広く市民に公開し、その理解と協力を得るように努めるべきである。

　もともと公立図書館の蔵書構成は、市民の「知る自由」の保障と地域社会の状況を反映したものでなければならないから、それが定常状態ではありえないし、「成長する有機体」としての蔵書の新陳代謝は欠かせない。蔵書構成方針が求められるのはそのためである。蔵書構成方針の理念と原則は、資料収集や資料提供に関する公立図書館の立場を明らかにするものである。

「自由宣言」は、収集方針（蔵書構成方針）を作成するにあたって留意すべきことを、「図書館の自由」との関連で、次のように原則を明示している。

（1）多様な、対立する意見のある問題については、それぞれの観点に立つ資料を幅広く収集する。
（2）著者の思想的、宗教的、党派的立場にとらわれて、その著作を排除することはしない。
（3）図書館員の個人的な関心や好みによって選択をしない。
（4）個人・組織・団体からの圧力や干渉によって収集の自由を放棄したり、紛糾をおそれて自己規制したりはしない。

（5）寄贈資料の受入れにあたっても同様である。(34)

船橋市立図書館事件は、図書館員の内的抑圧による不寛容が、論争を回避するために、原理と公式だけの戦略的思考に基づいて蔵書を除籍、廃棄したのであり、「自主規制という名の検閲」を象徴する事件であった。まさにそれは、初期アメリカ図書館員の検閲観にみられたような保守的な公立図書館の規範的権威を現代の図書館に持ち込むことになり、結果的に著作者の人格的利益を法的に保護することを認める最高裁の判決に結び付いたといえる。

公立図書館での自主規制と「自由宣言」

公立図書館での自主規制というと、まず浮かんでくるのが、戦時下の言論統制や戦後の占領軍の没収命令に対する過剰反応であり、それにつきまとって離れない不安感である。現在でも、日本の公立図書館では、それぞれの現場にあって、多かれ少なかれ、公式／非公式を問わず、資料収集、提供機能に関わる「図書館の自由」に対する判断基準や申し合わせ事項などについて、暗黙の了解に基づいて何らかの措置がとられることがある。そうした措置がなくなることはない。ときには、この暗黙の了解に基づく措置が検閲機能の一端を担うこともあり、必ずしも意識的ではないにしろ、自主規制という名の検閲行為は存在しつづけている。

それだけに、公立図書館での自主規制は多様化し複雑化している。図書館の規模や地域の状況によって異なるし、館長や図書館員の自律性、さらにいえば各自の見識や感性に負うところが多く、不可視的で実態をとらえにくい。しかも、「表現の自由」が保障されれば妨げられずに「表現を受け取る自由」としての「知る自由」が無条件に保障されるはずだが、そういった保障は、一般的にいって成立していないのが現状だから、自主規制の機能と論理はかなり錯綜している。

かつて裏田武夫は「検閲について基本的な考え方が明らかにされるまで、わが国土にはしっかり根を下ろした図書館学は生まれてこない[35]」と述べているが、まさにその感を深くする。

通説的見解では検閲とは、「公権力が外に発表されるべき思想の内容をあらかじめ審査し、不適当と認めるときは、その発表を禁止すること[36]」であるとされている。すなわち、事前抑制である。

船橋市立図書館事件の裁判では、一審も二審もその通説的見解に立って判決を下した。検閲を「一定の表現物につき網羅的・一般的に発表前にその内容を審査した上、不適当と認めるものの発表を禁止すること」（地裁）とし、船橋市西図書館の司書の行為は「一般に発売されている書籍について、被告船橋市の西図書館での閲覧を中止し、あるいは閲覧中止とともに廃棄したものであり、原告らによる書籍の出版行為などを事前に制限したものではないこと」（地裁）を指すとし、事前に制限したものではないから検閲に該当しないとして、違法性を認めていない。

いうまでもなく、「表現の自由」は憲法第二十一条で「言論、出版その他一切の表現の自由はこれを保障する」と規定されている基本的権利である。だが、絶対無制限に許されているものではなく、常に「公共の福祉」との比較衡量のうえで成り立っている。「表現の自由」が認められるには、成熟した市民社会全体の合意が求められるのである。

憲法は、「すべて国民は個人として尊重される」（第十三条）として、憲法が保障する自由と権利は、不断の努力によって保持しなければならないとしているが、「これを濫用してはならないのであって、常に公共の福祉のためにこれを利用する責任を負う」（第十二条）と定めている。「公共の福祉」とは、社会一般に共通する利益と個人の利益や権利が衝突、対立するとき、その共存を可能とする公平の原理と考えていいだろう。

ところが、政治的・道徳的動機から「公共の福祉」を保護しようとする場合は、しばしば恣意的な概念規定が持ち込まれるため、基本的人権としての「表現の自由」の保障は、きわめて大きな制約を受けることになる。

もちろん、憲法第二十一条第二項では、「検閲は、これをしてはならない」という検閲禁止条項を明文で規定し、しかもその禁止は例外を認めない絶対的な禁止とされる。このため現在では、戦前のような公権力による露骨な「表現の自由」侵害は起きていない。言論に対する事前の削除や禁止は影をひそめている。したがって、検閲が正当化されることはない。

それでも、「公共の福祉」のための合理的な制限としては、論議をことさらに避けるために、絶対的な必要事項以外に例外措置を自律的にも他律的に容認してしまう傾向が強い。すなわち、制約は、自主規制することで得られる利益と自主規制することで失われる利益を天秤にかけて、「ある程度の損失はやむをえない」と感じたら、対象の内側からそれを支える思考、心情、雰囲気が知らず知らずのうちに生じる。

奥平康弘は『表現の自由とはなにか』のなかで、自主規制は「活気ある論議をことさら避け、ことなかれ主義もしくは商業主義に仕えるために役立っているきらいがある」と指摘し、次のように自主規制を規定している。

かつては外部から権力的に抑圧が課せられたが、こんどは、内部から社会的に抑圧の体系が生まれたのである。この内部化され社会化された抑圧体系が、自主規制・自主検閲といわれるものである。[37]

船橋市西図書館で蔵書廃棄事件が発生したとき、自由委員会は『「図書館の自由に関する宣言 一九七九年改訂」解説 第2版』(日本図書館協会、二〇〇四年)の改訂のための意見集約と論議を重ねていた。それにもかかわらず、この事件に関しては「資料の保存の責任を放棄したもの」と言及するにとどめている。しかし、この事件は、明白な公立図書館での自主規制という名の検閲の事例ではないだろうか。

図書館員は公権力、あるいは地域団体による検閲の被害者であり、時には根強くこれに抵抗し、時にはその圧力に屈する。しかし、検閲の事例をつぶさに調べると、図書館員自身の意志によって行われる検閲が意外に多い。[38]

重要なことは、公立図書館の自主規制には、これまでの事件のように、外部の個人、組織、団体からの「公序良俗に反するおそれがある」とする圧力や批判があったことが明らかである。しかし船橋市立図書館事件は、外部圧力に屈した過去の自主規制の事例とは明らかに違う。ここに深刻な問題が横たわっている。

船橋市立図書館事件が異質なのは、外部の権力の意向に配慮した結果、自主規制がおこなわれたのではなく、図書館内部の専門職による個人的な動機に基づいて自主規制がおこなわれたからである。報道や調査報告では、「独断的な評価や個人的な好みによって」蔵書を廃棄した土橋司書には政治的・思想的意図はなく、過失だという論調になっている。しかし、外部の組織や団体の圧力に屈したり、意向に配慮したわけでもないというのだから、もはや専門職としての司書個人の思想・信条に基づく確信犯的な自主規制であることは動かしがたい。

もし、自主的に廃棄しなければ「図書館の自由が守れない」と考えていたとしたら、戦術的配慮に誤算があったということだろう。残念なことだが、忌憚なくいえば、公立図書館には、こうした戦術的配慮の体質がしばしば見え隠れしている。

それでも土橋司書は、「報道で犯人扱いされている感じがあり」と述べ、市教育委員会の事情聴取にも「冷静・的確に対応できないまま自分がやったという文書に署名した」と話している。このように土橋司書は被害者意識に逃げ込み、加害者である自覚を放棄したのである。

実は、図書館員の個人的な動機に基づく自主規制は、公立図書館での自主規制のなかで最も警戒しなければならないことだった。動機がどうであれ、外部の圧力や意向との関わりもなく、図書館員の図書館観や志向によって資料を制限、排除する自主規制は、明らかに社会的な検閲機能の一端を担っている。否応なく図書館・図書館員の責任は問われるべきである。

ちなみに、アメリカ図書館協会は、「図書館の権利宣言」を踏まえて、公立図書館での検閲について、次のような考え方を示している。(39)

重要なことは、蔵書に苦情や抗議を申し立てること自体が検閲ではないことだ。検閲者になりうるのは、蔵書へのアクセス制限を実行する立場や資料を排除する立場にあり、実際に資料を除去したり制限したりする立場にある人に限られるという。

このように、自主規制という名の検閲は、県立山口図書館事件を考察する論議のなかで、同じようなことが全国の図書館でも、まだまだ存在していると指摘されていたのに、今日でもあとを絶たない。船橋市立図書館事件は、偶発的な事件でないことを肝に銘じるべきである。

どのような蔵書だろうと、嫌悪するものへの寛容がなければ、「図書館の自由」は守れない。「表現の自由」はなぜ基本的人権として保障され、原則として制約から自由でなければならないかをあらためて考えてみる必要がある。

「思想の寛容」を持ち得ず、表現物の存在が容認できない個人の信条にもとづいた確信犯による表現の自由の侵害行為であるが故に、それに対抗するには、国民の世論に訴えて思想・言論・表現の自由に対する理解を深め、「寛容」の精神の重要性を認識してもらうしかないと考えられる。(40)

この文章は、富山県立図書館『図録』事件について、自由委員会が事例解説のなかで述べているものであり、船橋市立図書館事件に関連して言及されたものではない。それにしても、ここでいわれている「思想の寛容」は、そっくり船橋市立図書館事件にもあてはまることである。筆者が、自由委員会の事件への対応に少なからず違和感を覚えたのは、こうした過去の事件でも問われてきた「思想の寛容」の一貫性に心もとなさを感じるからである。

この「思想の寛容」を、もっと早くすべての図書館員が骨の髄まで理解し、日常の図書館活動のなかで、その精神の血肉化を図っていれば、蔵書廃棄事件は再発しなかったにちがいない。

いつの時代にも、図書館資料を抑圧する試みは繰り返しおこなわれている。それは外的な抑圧だろうと内的な抑圧だろうと変わりはない。たしかに、判決では、憲法上の「表現の自由」などとの関係で司書の廃棄行為には違法性はないとされたが、法に抵触していないからといって、図書館員としての基本的義務に違反した責任は免れない。それが憲法の定める検閲にあたらないとしても、「著者の思想的、宗教的、党派的立場にとらわれて、その著作を排除することはしない」「図書館員の個人的な関心や好みによって選択をしない」とする「自由宣言」の原則を踏みにじった行為は、紛れもない自主規制という名の検閲である。

もちろん、それを許した館長がその責めを負うのはいうまでもないが、専門職である司書が事件を招いたのだから、日本の図書館界の検閲に対する基本的な考え方はまだまだ定まっていないといえるだろう。

だが、この図書館裁判で、原告らが「表現の自由」を基礎にした「自由宣言」の「著者の思想的、宗教的、党派的立場にとらわれて、その著作を排除することはしない」や「図書館員の個人的な関心や好みによって選択をしない」の文言に照らして「妨げられない権利」を主張してくれたおかげで、「私的文書」と一蹴されたとはいえ、その後最高裁が「自由宣言」の理念と原則を検証した意義は大きい。「閲覧に供されている図書について、独断的な評価や好みによってこれを廃棄することは、図書館員としての基本的な職務上の義務に反するものといわなければならない」と最高裁が判示したように、「自由宣言」は一定程度は評価されたといえる。

しかしながら、職能集団である日本図書館協会が自律的規範として作成した「図書館員の倫理綱領」で、「図書館員は図書館の自由を守り、資料の収集、保存および提供につとめる」として、「専門的知識と的確な判断とに基づいて資料を収集し、組織し、保存し、積極的に提供する。そのためには、資料の収集・提供の自由を侵すいかなる圧力・検閲をも受け入れてはならないし、個人的な関心や好みによる資料の収集・提供をしてはならない」とその職責を明示しているのに、それを守れなかった土橋司書の図書館員としての自律性とはいったい何だったのだろうか。また、そのことに厳しく対峙できなかった日本の図書館界は、何を守ろうとしているのか。その基本的姿勢が強く問われている。

こうした考えはいまの図書館界では少数派かもしれないが、憲法が保障する「表現の自由」と表裏一体である「知る自由」をイデオロギーを問わず保障することができないなら、「自由宣言」はいつまでたっても「私的文書」でしかない。

堀部政男が図書館界の理想の一斑は、「自由宣言」に表明されているとし、法学的にも「きわめて重要な文書」と位置づけてから三十年近くたつが、いまなお図書館員の力が及ばず、十分に社会的に認知され定着したとはいえない。実際、船橋市立図書館事件の発生によって、啓蒙的な声明、見解にすぎないと受け取られたとしても仕方がないだろう。

これが現在の「自由宣言」や「図書館の自由」の現実である。それでも、「自由宣言」が存在しているという事実は、図書館・図書館員にとって重要な指針になっているし、それを定着させることは、図書館が市民の信頼を得るための最も基本的な要件だと考える。

おわりに

ここまでみてきたように、船橋市西図書館の蔵書廃棄事件は、東京地裁から東京高裁、最高裁に至る裁判を通して、公立図書館の基本的性格と役割をあらためて問い直す機会になった。

現在、市場原理に基づく公立図書館の社会的位置づけについてさまざまに議論されているが、この事件と図書館裁判で日本の公立図書館は、「情報や思想のひろば」という「公的な場」であり、基本的人権の「表現の自由」を最大限に尊重し、市民の「知る自由」（読む、見る、聞く）を保障する公共的性格をもつ社会的制度として、現行の法体系のもとに位置づけられ、社会的認知を受けたことになる。また、一連の裁判を通して、公立図書館の専門職である図書館員の使命の覚醒が求められている。

一人の図書館員の個人的な立場や信条、先入観に基づいた、その個人にとっての「公正な取り扱い」が、まことに皮肉で無惨な結末を招いてしまった事件である。

日本図書館協会は、全国の図書館員を萎縮退嬰させないためにも一日も早く、疲弊した「図書館の自由」の侵害の連鎖を断ち切る必要がある。そして、「自由宣言」の社会的合意に向けて創意工夫に努めることが、市民の信頼を回復するための焦眉の課題といえる。

その意味で、船橋市立図書館事件と図書館裁判は、これからの日本の公立図書館の思想と実践的活動に大きな影響を与えるにちがいない。

注

（1）山本順一「船橋市立図書館蔵書廃棄事件最高裁判決の検討（2005.7.14）」（「みんなの図書館」第三百四十六号、教育史料出版会、二〇〇六年）、山家篤夫「船橋市西図書館蔵書廃棄事件の最高裁判決――知る自由を保障する「公的な場」逸脱への批判と期待」（「図書館雑誌」第九十九巻第十二号、日本図書館協会、二〇〇五年）八三八―八三九ページ、前田稔「思想の自由と「公的な場」の「公正」――船橋市西図書館蔵書廃棄事件判決の評価」（「図書館界」第五十八巻第三号、日本図書館研究会、二〇〇六年）、西尾幹二「船橋西図書館事件一審判決と「はぐらかし」の病理」（「正論」二〇〇四年一月号、産経新聞社）など、そのほか多数ある。また、「判例タイムズ」（判例タイムズ社）、「判例時報」（判例時報社）などに判例紹介や判例批評が掲載されている。

（2）当時の資料除籍基準の除籍対象資料、以下のとおりである。「最高裁判所判決文」、ず・ぼん編集委

員会編『ず・ぼん――図書館とメディアの本』第十二巻所収、ポット出版、二〇〇六年、一六二ページ

「(1)蔵書点検の結果、所在が不明となったもので、三年経過してもなお不明なもの。(2)貸出資料のうち督促等の努力にもかかわらず、三年以上回収不能のもの。(3)利用者が汚損・破損・紛失した資料で弁償の対象となったもの。(4)不可抗力の災害・事故により失われたもの。(5)汚損・破損が著しく、補修が不可能なもの。(6)内容が古くなり、資料的価値のなくなったもの。(7)利用が低下し、今後も利用される見込みがなく、資料的価値のなくなったもの。(8)新版・改訂版の出版により、代替が必要なもの。(9)雑誌は、図書館の定めた保存年限を経過したもの」

(3) 石井竜生の「保守言論人の著作大量廃棄事件が示す図書館の偏向実態」と捨てた書籍百八十七冊のリストは、「正論」二〇〇二年六月号（産経新聞社）一三七―一四九ページを参照。それとは別に、廃棄された著者別の著書の所蔵数と除籍数もわかっているので、参考のために紹介しておく。著者名と所蔵数を列記し、括弧内に除籍数を記す。西部邁四十五冊（四十四冊）、渡部昇一七十九冊（三十七冊）、西尾幹二二十四冊（十二冊）、福田和也三十八冊（十三冊）、高橋史朗三冊（一冊）、福田恒存二十四冊（一冊）、小室直樹二十六冊（十一冊）、長谷川慶太郎五十六冊（十四冊）、岡崎久彦十九冊（五冊）、坂本多加雄八冊（二冊）、日下公人三十四冊（十一冊）、谷沢永一百二冊（十七冊）、つくる会三冊（一冊）、藤岡信勝四冊（三冊）、井沢元彦五十四冊（四冊）、合計五百十九冊（百七十冊）

(4)「船橋市・記者発表2002年5月10日」、ず・ぼん編集委員会編『ず・ぼん――図書館とメディアの本』第十一巻所収、ポット出版、二〇〇五年、九七ページ

(5) 同記事九七ページ

(6) 日本図書館協会図書館の自由委員会「船橋市西図書館の蔵書廃棄問題に関する調査報告（二〇〇二

年八月二十五日)」、「図書館雑誌」第九十六巻第十号、日本図書館協会、二〇〇二年、七六四―七六五ページ。自由委員会は、五月二十二日から二十四日にかけて、日本図書館協会理事会、評議員会、総会で中間報告をおこなっている。
(7)日本図書館協会「(見解)船橋市西図書館の蔵書廃棄問題について」「図書館雑誌」第九十六巻第七号、日本図書館協会、二〇〇二年、四四五―四四六ページ
(8)図書館問題研究会常任委員会「船橋市西図書館の蔵書廃棄問題について(見解)」「みんなの図書館」第三百四号、教育史料出版会、二〇〇二年、六七―七〇ページ
(9)図書館問題研究会「(資料)船橋市西図書館の蔵書廃棄問題に関するアピール」「みんなの図書館」第三百七号、教育史料出版会、二〇〇二年、六八ページ
(10)前掲「船橋市西図書館の蔵書廃棄問題に関する調査報告(二〇〇二年八月二十五日)」七六五ページ
(11)西河内靖泰「船橋市西図書館の蔵書廃棄問題をめぐる動きについて」「図書館雑誌」第九十六巻第十二号、日本図書館協会、二〇〇二年、九三九ページ
(12)東條文規「不可解な事件」、前掲『ず・ぼん』第十一巻所収、一二四ページ
(13)小形亮/手嶋孝典/東條文規/堀渡/真々田忠夫「図書館にとっての問題は何だったのか」、同書所収、一一三ページ
(14)沢辺均「どこかに「右翼と左翼」という図式でモノを考えてたところがあったんだと思う」、同書所収、一二六ページ
(15)馬場俊明「「自由宣言」と山口県立図書館問題――図書館における自主規制」『「自由宣言」と図書館活動』青弓社、一九九三年

(16) 前掲「山口図書館問題と図書館界内外の動き」一二―一三ページ
(17) 大滝則忠「初期アメリカ図書館員の検閲観〔I〕」、前掲「参考書誌研究」第十七号、二―一〇ページ
(18) 前掲「船橋西図書館事件一審判決と「はぐらかし」の病理」二九六ページ。この論文では「被告土橋は、本件除籍等の対象となった西部邁氏らの著書に」と、いずれも実名である（傍点は引用者）。しかし、『図書館年鑑』「みんなの図書館」では、被告A、西部邁はC・Kなどと記号化されている。
(19) 「資料紹介」「船橋市西図書館蔵書廃棄問題裁判第一審判決（平成十五年九月九日）」「みんなの図書館」第三百二十四号、教育史料出版会、二〇〇四年、四四―四五ページ
(20) 同論文四五―四六ページ
(21) 同論文四六―四七ページ
(22) 同論文四八ページ
(23) 「公立図書館における蔵書の除籍・廃棄を違法とする損害賠償請求が棄却された事件・控訴審判決（平成十六年三月三日）」、日本図書館協会図書館年鑑編集委員会編『図書館年鑑 2005』所収、日本図書館協会、二〇〇五年、三六九ページ
(24) 同書三七〇ページ
(25) 「船橋市西図書館蔵書廃棄事件最高裁判決について」（「図書館の自由」第四十九号、日本図書館協会図書館の自由委員会、二〇〇五年）二―五ページほか、「船橋市西図書館蔵書廃棄事件 最高裁判決」（「図書館雑誌」第九十九巻第九号、日本図書館協会、二〇〇五年）六七八―六七九ページ
(26) 「社説」「朝日新聞」二〇〇五年七月十五日付
(27) 「主張」「産経新聞」二〇〇五年七月十五日付

(28) 日本図書館協会「船橋市西図書館蔵書廃棄事件裁判の最高裁判決にあたって（声明）」、前掲「図書館雑誌」第九十九巻第九号、六七七ページ

(29)「判例タイムズ」第千百九十七号、判例タイムズ社、二〇〇六年、一五九ページ

(30) 富山県立図書館『図録』事件とは、昭和天皇の肖像写真を用いた大浦信行の版画作品『遠近を抱えて』を所収した図録『富山の美術 1986』（富山県立近代美術館編、富山県立近代美術館、一九八六年）をめぐって発生した。この『図録』の寄贈を受けた県立図書館が『図録』を非公開にしたため、市民が県知事に閲覧禁止処分の取り消しを申し立てた。結論が示されないまま、世論の高まりを受けて図書館が非公開を解除した初日に、一利用者が『図録』を破り捨てるという事件が発生し、県知事が器物損壊罪で告訴した。この一連の経緯を富山県立図書館『図録』事件という。東大和市立図書館事件の経緯は以下のとおりである。二〇〇〇年（平成十二年）四月、東大和市桜ヶ丘図書館で、幼稚園児殺害事件の容疑者の少年を顔写真入りで実名報道した雑誌「新潮45」（一九九八年三月号、新潮社）を同市立中央図書館長が閲覧禁止にした。このために、市民が「違法な閲覧禁止処分によって閲覧できなかったことにより精神的損害を被ったとして、国家賠償法一条に基づいて十万円の損害賠償を求めた」のである。東京地裁は原告の請求を棄却している。

(31) 山本順一「船橋市西図書館蔵書廃棄判決の最高裁判決について」（特別講演）『全国図書館大会水戸大会会議録』『全国図書館大会記録　第91回（平成17年度）茨城大会』所収、平成17年度第91回全国図書館大会茨城大会実行委員会事務局、二〇〇六年、一三五―一三六ページ、前掲「図書館の自由」第四十九号、前掲「船橋市立図書館蔵書廃棄事件最高裁判決の検討（2005.7.14）」も参照。

(32) 川崎良孝『図書館裁判を考える――アメリカ公立図書館の基本的性格』京都大学図書館情報学研究会、二〇〇二年、二五三ページ、前田稔「パブリック・フォーラムと公立図書館」、川崎良孝編著

『図書館・図書館研究を考える――知的自由・歴史・アメリカ』所収、京都大学図書館情報学研究会、二〇〇一年、一八九―二二四ページ
(33)「富山県立図書館『図録』閲覧拒否事件」、日本図書館協会図書館の自由委員会編「図書館の自由」第八・九号、日本図書館協会図書館の自由委員会、一九八八年、一八ページ、「東大和市図書館閲覧要求判決について」「図書館の自由」第三十六号、日本図書館協会図書館の自由委員会、二〇〇二年、三―四ページ
(34) 日本図書館協会図書館の自由委員会編『「図書館の自由に関する宣言 一九七九年改訂」解説 第2版』日本図書館協会、二〇〇四年、一二七ページ。同書では、(1)から(5)は収集方針のうち「特に重要なもの」とし、さらに「図書館の所蔵資料に対する市民や利用者からの意見やクレームを、ただちに圧力や干渉・検閲として受け止めることはせず、収集方針やその運用に対するひとつの意見として生かしていくよう、適切な処理手続きを定めておく必要がある。(略)なお、個人・組織・団体からの圧力や干渉」という文言のうちの「組織には国の機関や地方行政機関などいわゆる公権力を含むもの」としていると述べている。
(35) 前掲「図書館員の立場」一二八ページ
(36) 宮沢俊義『憲法Ⅱ――基本的人権 新版』(「法律学全集」第四巻)、有斐閣、一九七一年、三六六ページ
(37) 前掲『表現の自由とはなにか』一二一ページ
(38) 河井弘志編『蔵書構成と図書選択』(図書館員選書)、日本図書館協会、一九八三年、一〇三ページ
(39) アメリカ図書館協会知的自由部編『図書館の原則 改訂版――図書館における知的自由マニュアル(第6版)』川崎良孝/川崎佳代子/村上加代子訳、日本図書館協会、二〇〇三年、四九五ページ

(40)「富山県立図書館の『図録』非公開」、日本図書館協会図書館の自由に関する調査委員会編『図書館の自由に関する事例33選』(「図書館と自由」第十四集)所収、日本図書館協会、一九九七年、六五ページ

［資料1］「図書館の自由に関する宣言」

日本図書館協会

1954　採択
1979　改訂

図書館は、基本的人権のひとつとして知る自由をもつ国民に、資料と施設を提供することをもっとも重要な任務とする。

1　日本国憲法は主権が国民に存するとの原理にもとづいており、この国民主権の原理を維持し発展させるためには、国民ひとりひとりが思想・意見を自由に発表し交換すること、すなわち表現の自由の保障が不可欠である。

知る自由は、表現の送り手に対して保障されるべき自由と表裏一体をなすものであり、知る自由の保障があってこそ表現の自由は成立する。

知る自由は、また、思想・良心の自由をはじめとして、いっさいの基本的人権と密接にかかわり、それらの保障を実現するための基礎的な要件である。それは、憲法が示すように、国民の不断の努力によって保持されなければならない。

2　すべての国民は、いつでもその必要とする資料を入手し利用する権利を有する。この権利を社会的に保障することは、すなわち知る自由を保障することである。図書館は、まさにこのことに責任を負う機関である。

3　図書館は、権力の介入または社会的圧力に左右されることなく、自らの責任にもとづき、図書館間の相互協力をふくむ図書館の総力をあげて、収集した資料と整備された施設を国民の利用に供するものである。

4　わが国においては、図書館が国民の知る自由を保障するのではなく、国民に対する「思想善導」の機関として、国民の知る自由を妨げる役割さえ果たした歴史的事実があることを忘れてはならない。図書館は、この反省の上に、国民の知る自由を守り、ひろげていく責任を果たすことが必要である。

5　すべての国民は、図書館利用に公平な権利をもっており、人種、信条、性別、年齢やそのおかれている条件等によっていかなる差別もあってはならない。

　外国人も、その権利は保障される。

6　ここに掲げる「図書館の自由」に関する原則は、国民の知る自由を保障するためであって、すべての図書館に基本的に妥当するものである。

　この任務を果たすため、図書館は次のことを確認し実践する。

第1　図書館は資料収集の自由を有する

1　図書館は、国民の知る自由を保障する機関として、国民のあらゆる資料要求にこたえなければならない。

2　図書館は、自らの責任において作成した収集方針にもとづき資料の選択および収集を行う。その際、

(1) 多様な、対立する意見のある問題については、それぞれの観点に立つ資料を幅広く収集する。

(2) 著者の思想的、宗教的、党派的立場にとらわれて、その著作を排除することはしない。

(3) 図書館員の個人的な関心や好みによって選択をしない。

(4) 個人・組織・団体からの圧力や干渉によって収集の自由を放棄したり、紛糾をおそれて自己規制したりはしない。

(5) 寄贈資料の受入にあたっても同様である。

　図書館の収集した資料がどのような思想や主張をもっていようとも、それを図書館および図書館員が支持することを意味するものではない。

3　図書館は、成文化された収集方針を公開して、広く社会からの批判と協力を得るようにつとめる。

第2　図書館は資料提供の自由を有する

1　国民の知る自由を保障するため、すべての図書館資料は、原則として国民の自由な利用に供されるべきである。

図書館は、正当な理由がないかぎり、ある種の資料を特別扱いしたり、資料の内容に手を加えたり、書架から撤去したり、廃棄したりはしない。

提供の自由は、次の場合にかぎって制限されることがある。これらの制限は、極力限定して適用し、時期を経て再検討されるべきものである。

(1) 人権またはプライバシーを侵害するもの

(2) わいせつ出版物であるとの判決が確定したもの

(3) 寄贈または寄託資料のうち、寄贈者または寄託者が公開を否とする非公刊資料

2　図書館は、将来にわたる利用に備えるため、資料を保存する責任を負う。図書館の保存する資料は、一時的な社会的要請、個人・組織・団体からの圧力や干渉によって廃棄されることはない。

3　図書館の集会室等は、国民の自主的な学習や創造を援助するために、身近にいつでも利用できる豊富な資料が組織されている場にあるという特徴を持っている。

図書館は、集会室等の施設を、営利を目的とする場合を除いて、個人、団体を問わず公平な利用に供する。

4　図書館の企画する集会や行事等が、個人・組織・団体からの圧力や干渉によってゆがめられてはならない。

第3　図書館は利用者の秘密を守る

1　読者が何を読むかはその人のプライバシーに属することであり、図書館は、利用者の読書事実を外部に漏らさない。ただし、憲法第35条にもとづく令状を確認した場合は例外とする。

2　図書館は、読書記録以外の図書館の利用事実に関しても、利用者

のプライバシーを侵さない。
3　利用者の読書事実、利用事実は、図書館が業務上知り得た秘密であって、図書館活動に従事するすべての人びとは、この秘密を守らなければならない。

第4　図書館はすべての検閲に反対する

1　検閲は、権力が国民の思想・言論の自由を抑圧する手段として常用してきたものであって、国民の知る自由を基盤とする民主主義とは相容れない。

　検閲が、図書館における資料収集を事前に制約し、さらに、収集した資料の書架からの撤去、廃棄に及ぶことは、内外の苦渋にみちた歴史と経験により明らかである。

　したがって、図書館はすべての検閲に反対する。
2　検閲と同様の結果をもたらすものとして、個人・組織・団体からの圧力や干渉がある。図書館は、これらの思想・言論の抑圧に対しても反対する。
3　それらの抑圧は、図書館における自己規制を生みやすい。しかし図書館は、そうした自己規制におちいることなく、国民の知る自由を守る。

図書館の自由が侵されるとき、われわれは団結して、あくまで自由を守る。

1　図書館の自由の状況は、一国の民主主義の進展をはかる重要な指標である。図書館の自由が侵されようとするとき、われわれ図書館にかかわるものは、その侵害を排除する行動を起こす。このためには、図書館の民主的な運営と図書館員の連帯の強化を欠かすことができない。
2　図書館の自由を守る行動は、自由と人権を守る国民のたたかいの一環である。われわれは、図書館の自由を守ることで共通の立場に立つ団体・機関・人びとと提携して、図書館の自由を守りぬく責任をもつ。

3 図書館の自由に対する国民の支持と協力は、国民が、図書館活動を通じて図書館の自由の尊さを体験している場合にのみ得られる。われわれは、図書館の自由を守る努力を不断に続けるものである。
4 図書館の自由を守る行動において、これにかかわった図書館員が不利益をうけることがあってはならない。これを未然に防止し、万一そのような事態が生じた場合にその救済につとめることは、日本図書館協会の重要な責務である。

(1979. 5. 30 総会決議)

［資料2］　アメリカ図書館協会「図書館の権利宣言」

アメリカ図書館協会は、すべての図書館が情報や思想のひろばであり、以下の基本方針が、すべての図書館サービスの指針となるべきであるということを確認する。

第1条：図書およびその他の図書館資源は、図書館が奉仕するコミュニティのすべての人びとの関心、情報、啓蒙に役立つように提供されるべきである。資料の創作に寄与した人たちの生まれ、経歴、見解を理由として、資料が排除されてはならない。

第2条：図書館は、今日および歴史上の問題に関して、どのような観点に立つ資料あるいは情報であっても、それらも提供すべきである。党派あるいは主義の上から賛成できないという理由で、資料が締め出されたり取り除かれたりすることがあってはならない。

第3条：図書館は、情報を提供し、啓蒙を行うという図書館の責任を達成するために、検閲を拒否すべきである。

第4条：図書館は、表現の自由や思想へのフリー・アクセスの制限に抵抗することにかかわる、すべての人およびグループと協力すべきである。

第5条：図書館の利用に関する個人の権利は、その人の生まれ、年齢、経歴、見解のゆえに、拒否されたり制限されることがあってはならない。

第6条：展示空間や集会室を、その図書館が奉仕する〔コミュニティの〕構成員（public）の利用に供している図書館は、それらの施設の利用を求める個人やグループの信条や所属関係にかかわりなく、公平な基準で提供すべきである。

（出典：アメリカ図書館協会知的自由部編纂『図書館の原則――図書館における知的自由マニュアル（第6版）改定版』川崎良孝／川崎佳代子／村上加代子訳、日本図書館協会、2003年）

［資料3］　船橋市西図書館除籍図書リスト

	書名	著者	出版社
1	新しい歴史教科書を「つくる会」という運動がある	新しい歴史教科書をつくる会	扶桑社
2	戦後沖縄史	新崎盛暉	日本評論社
3	図説 死の文化史	フィリップ・アリエス	日本エディタースクール出版部
4	かず［福音館のペーパーバック絵本］	安野光雅／西内久典	福音館書店
5	そうだったのか！現代史	池上彰	ホーム社
6	朝日新聞の正義	井沢元彦／小林よしのり	小学館
7	日本人はなぜ箸を使うか	一色八郎	大月書店
8	姫島殺人事件［カッパノベルス］	内田康夫	光文社
9	大きな機関車たち	ガンバー＆ピーター・エドワーズ／ウィルバート・オードリー	ポプラ社
10	世界危険情報大地図館	恵谷治	小学館
11	あひるさんのぼうし	太田大八／神沢利子	福音館書店
12	国家は誰が守るのか	岡崎久彦	徳間書店
13	自分の国を愛するということ	岡崎久彦	海竜社
14	日米同盟と日本の戦略	岡崎久彦ほか	PHP 研究所
15	新英語はすぐ書ける	海江田進	ジャパンタイムズ
16	だるまちゃんとうさぎちゃん	加古里子	福音館書店
17	図説スペインの歴史 新版	川成洋／宮本雅広写真	河出書房新社
18	マルチメディア	紀田順一郎ほか	ジャストシステム
19	海からの幸	木部崎修編	PHP 研究所
20	アジア共円圏の時代	邱永漢／渡部昇一	PHP 研究所

資料3　船橋市西図書館除籍図書リスト

	書名	著者	出版社
21	日本語（上）新版	金田一春彦	岩波書店
22	日本は二十一世紀の勝者たりえるか	日下公人ほか	太陽企画出版
23	誇りなくば国立たず	日下公人ほか	太陽企画出版
24	僕らはそう考えない	日下公人／渡部昇一	太陽企画出版
25	アメリカ黒人の叫び［世界人権問題叢書］	ケネス・B・クラーク	明石書店
26	ザ・デルタフォース	T・グリスウォルド／D・M・ジャングレコ	並木書房
27	マルチメディア	アラン・ケイほか	岩波書店
28	国民のための戦争と平和の法	小室直樹／色摩力夫	総合法令出版
29	大東亜戦争ここに蘇る	小室直樹	クレスト社
30	日本人のための経済原論	小室直樹	東洋経済新報社
31	三島由紀夫が復活する	小室直樹	毎日コミュニケーションズ
32	歴史に観る日本の行く末	小室直樹	青春出版社
33	江戸名所図会 第1	斉藤幸雄ほか	角川書店
34	江戸名所図会 第2	斉藤幸雄ほか	角川書店
35	江戸名所図会 第3	斉藤幸雄ほか	角川書店
36	江戸名所図会 第4	斉藤幸雄ほか	角川書店
37	江戸名所図会 第5	斉藤幸雄ほか	角川書店
38	知識人	坂本多加雄	読売新聞社
39	歴史教育を考える［PHP 新書］	坂本多加雄	PHP 研究所
40	バイバイ	鷺沢萠	角川書店
41	東欧見聞録	佐藤健	毎日新聞社
42	シェイクスピア全集9	ウィリアム・シェイクスピア／小田島雄志訳	白水社
43	ちくま日本文学全集 43：志賀直哉	志賀直哉	筑摩書房

書名	著者	出版社
44　街道をゆく 6	司馬遼太郎	朝日新聞社
45　街道をゆく 8	司馬遼太郎	朝日新聞社
46　街道をゆく 9	司馬遼太郎	朝日新聞社
47　街道をゆく 10	司馬遼太郎	朝日新聞社
48　街道をゆく 11	司馬遼太郎	朝日新聞社
49　街道をゆく 12	司馬遼太郎	朝日新聞社
50　街道をゆく 13	司馬遼太郎	朝日新聞社
51　街道をゆく 14	司馬遼太郎	朝日新聞社
52　街道をゆく 15	司馬遼太郎	朝日新聞社
53　街道をゆく 18	司馬遼太郎	朝日新聞社
54　街道をゆく 20	司馬遼太郎	朝日新聞社
55　街道をゆく 22	司馬遼太郎	朝日新聞社
56　「良い子」と過食症	R・T・シャーマン／R・A・トンプソン	創元社
57　いい生き方、いい文章	高橋玄洋	同文書院
58　感性が光る文章の書き方	高橋玄洋	同文書院
59　教科書検定	高橋史朗	中央公論社
60　滝沢真理のカレー料理	滝沢真理	家の光協会
61　モンスターのいえ	田中秀幸	佑学社
62　男冥利	谷沢永一	PHP 研究所
63　人生行路は人間学	谷沢永一／渡部昇一	PHP 研究所
64　［聖書］で人生修養	谷沢永一／渡部昇一	致知出版社
65　読書人の悦楽	谷沢永一	PHP 研究所
66　人間通の勘どころ	谷沢永一	PHP 研究所

資料3　船橋市西図書館除籍図書リスト

	書名	著者	出版社
67	拝啓韓国、中国、ロシア、アメリカ合衆国	谷沢永一／渡部昇一	光文社
68	人の世を見さだめる	谷沢永一	PHP 研究所
69	メディア事典	田村紀雄	KDD クリエイティブ
70	続 物理のおとし穴	エリ・ヴェ・タラソフ／ア・エヌ・タラソワ	東京図書
71	猫の大虐殺	ロバート・ダートン	岩波書店
72	地球の歩き方66（'98～ '99版）	「地球の歩き方」編集室	ダイヤモンド・ビッグ社
73	地球の歩き方68（'97～ '98版）	「地球の歩き方」編集室	ダイヤモンド・ビッグ社
74	地球の歩き方72（'98～ '99版）	「地球の歩き方」編集室	ダイヤモンド・ビッグ社
75	バーバパパのがっきやさん［バーバパパのちいさなおはなし］	アネット・チゾン／タラス・テイラー	講談社
76	バーバパパのすいしゃごや［バーバパパのちいさなおはなし］	アネット・チゾン／タラス・テイラー	講談社
77	バーバパパのふうせんりょこう［バーバパパのちいさなおはなし］	アネット・チゾン／タラス・テイラー	講談社
78	バーバピカリのとけいやさん［バーバパパのちいさなおはなし］	アネット・チゾン／タラス・テイラー	講談社
79	バーバママのかわいいこうし［バーバパパのちいさなおはなし］	アネット・チゾン／タラス・テイラー	講談社
80	うたのてんらんかい	長新太／くどうなおこ	理論社
81	大衆論－対談－	富岡多恵子／西部邁	草思社
82	グルメは文化である	富田仁／内海あぐり	白馬出版
83	いじめと妬み	土居健郎／渡部昇一	PHP 研究所
84	教育と自由	西尾幹二	新潮社
85	行為する思索	西尾幹二	中央公論社
86	思想の出現－対談集－	西尾幹二	東洋経済新報社
87	情熱を喪った光景	西尾幹二	河出書房新社
88	人生の価値について［新潮選書］	西尾幹二	新潮社
89	全体主義の呪い［新潮選書］	西尾幹二	新潮社

書名	著者	出版社
90　智恵の凋落	西尾幹二	福武書店
91　地球日本史 3	西尾幹二責任編集	産経新聞ニュースサービス
92　沈黙する歴史	西尾幹二	徳間書店
93　学者この喜劇的なるもの	西部邁	草思社
94　恐慌前夜の独り言	西部邁	新潮社
95　虚無の構造	西部邁	飛鳥新社
96「国柄」の思想	西部邁	徳間書店
97　寓喩としての人生	西部邁	徳間書店
98　経済倫理学序説	西部邁	中央公論社
99　現在への証言	西部邁	廣済堂出版
100　幻像の保守へ	西部邁	文藝春秋
101　国民の道徳	西部邁／新しい教科書をつくる会編	産経新聞ニュースサービス
102　国家と歴史［発言者双書］	西部邁	秀明出版会
103　サンチョ・キホーテの眼	西部邁	文藝春秋
104　思想史の相貌	西部邁	世界文化社
105　思想の英雄たち	西部邁	文藝春秋
106　新・学問論［講談社現代新書］	西部邁	講談社
107［成熟］とは何か	西部邁	講談社
108　世人に言上したきことあり	西部邁	新潮社
109　ソシオ・エコノミックス	西部邁	中央公論社
110　闘論息子の教育	西部邁／三田誠広	プレジデント社
111　なぜ「日本売り」は起きたのか	西部邁	PHP 研究所
112　西部邁の論争の手引き	西部邁	日刊工業新聞社

資料3　船橋市西図書館除籍図書リスト

書名	著者	出版社
113 西部邁の論争ふたたび	西部邁	日刊工業新聞社
114 ニヒリズムを超えて	西部邁	日本文芸社
115 人間論	西部邁	日本文芸社
116 破壊主義者の群れ	西部邁	PHP 研究所
117 剝がされた仮面	西部邁	文藝春秋
118 白昼への意思	西部邁	中央公論社
119 批評する精神 続	西部邁	PHP 研究所
120 批評する精神 3	西部邁	PHP 研究所
121 批評する精神 4	西部邁	PHP 研究所
122 ビジネス文明批判	西部邁／長崎浩	作品社
123 福澤諭吉	西部邁	文藝春秋
124 マスコミ亡国論	西部邁	光文社
125 歴史感覚	西部邁	PHP 研究所
126 私の憲法論	西部邁	徳間書店
127 実験化学講座 27：生物有機 第4版	日本化学会編	丸善
128 市場原理と生活原理	根井康之	農山漁村文化協会
129 ベルリン物語	橋口譲二写真	情報センター出版
130 情報化社会の本当の読み方	長谷川慶太郎	徳間書店
131 情報力	長谷川慶太郎	サンマーク出版
132 世紀末大転換	長谷川慶太郎	徳間書店
133 成功の記憶を捨てろ	長谷川慶太郎	東洋経済新報社
134 盛衰の岐路	長谷川慶太郎／渡部昇一	PHP 研究所
135 中国発の危機と日本	長谷川慶太郎／岡崎久彦	徳間書店

書名		著者	出版社
136	デフレ時代の新投資戦略	長谷川慶太郎ほか	ビジネス社
137	長谷川慶太郎のビッグバンで日本はこう変わる	長谷川慶太郎	徳間書店
138	火事場のサイエンス	長谷見雄二	井上書店
139	黒人の誇り・人間の誇り	ローザ・パークス	サイマル出版会
140	空白の終焉へ	福田和也	PHP 研究所
141	喧嘩の火だね	福田和也	新潮社
142	この国の仇	福田和也	光文社
143	『作家の値打ち』の使い方	福田和也	飛鳥新社
144	魂の昭和史	福田和也	PHP 研究所
145	なぜ日本人はかくも幼稚になったのか	福田和也	角川春樹事務所
146	続・なぜ日本人はかくも幼稚になったのか	福田和也	角川春樹事務所
147	なぜ日本人はかくも幼稚になったのか3	福田和也	角川春樹事務所
148	罰あたりパラダイス	福田和也	扶桑社
149	平成ゾンビ集	福田和也	角川春樹事務所
150	余は如何にしてナショナリストとなりし乎	福田和也	光文社
151	日本への遺言	福田恆存／中村保男編	文藝春秋
152	教科書が教えない歴史 1	藤岡信勝／自由主義史観研究会	産経新聞ニュースサービス
153	生と死の境界	スーザン・ブラックモア	読売新聞社
154	ブルーガイドパック 38　第7改訂版	ブルーガイドパック編	実業之日本社
155	真剣勝負	前田日明／福田和也	草思社
156	なぞなぞのすきな女の子	松岡享子／大社玲子	学習研究社
157	恐竜たんけん図鑑	松岡達英	岩崎書店
158	モニカ－音楽家の夢・小説家の物語－	村上龍／坂本龍一	新潮社

資料3　船橋市西図書館除籍図書リスト

書名	著者	出版社
159 無印おまじない物語	群ようこ	角川書店
160 きょうはさいこう！	ワジーラ・メアフェルト	偕成社
161 白雪姫コンプレックス	エリッサ・メラメド	晶文社
162 どうぶつのおかあさん	藪内正幸／小森厚	福音館書店
163 英文法の核心	山崎紀美子	筑摩書房
164 伊賀忍法帖	山田風太郎	講談社
165 甲賀忍法帖	山田風太郎	講談社
166 忍びの卍	山田風太郎	講談社
167 しゅっぱつしんこう！	山本忠敬	福音館書店
168 英米文学史概要 改訂版	吉田三雄	成美堂
169 チャップリン 上	デイヴィッド・ロビンソン	文藝春秋
170 チャップリン 下	デイヴィッド・ロビンソン	文藝春秋
171 英米文学の名作を知る本	渡邊恵子編	研究社出版
172 かくて歴史は始まる	渡部昇一	クレスト社
173 国思う故にわれあり	渡部昇一	徳間書店
174 国益の立場から	渡部昇一	徳間書店
175 新世紀への英知	渡部昇一／谷沢永一	祥伝社
176 自分の壁を破る人破れない人	渡部昇一	三笠書房
177 そろそろ憲法を変えてみようか	渡部昇一／小林節	致知出版社
178 起て！日本	渡部昇一／加瀬英明	高木書房
179 父は子に何ができるか	渡部昇一／屋山太郎	PHP 研究所
180 読書有訓	渡部昇一	致知出版社
181 何が日本をおかしくしたのか	渡部昇一	講談社

	書名	著者	出版社
182	日本人の気概	渡部昇一	PHP 研究所
183	日本の生き筋	渡部昇一	致知出版社
184	日本の驕慢（おごり）韓国の傲慢（たかぶり）	渡部昇一／呉善花	徳間書店
185	まさしく歴史は繰りかえす	渡部昇一	クレスト社
186	歴史の鉄則	渡部昇一	PHP 研究所

(本表は、「正論」2002年6月号（産経新聞社）所収の「船橋市西図書館が捨てた書籍187冊全リスト」をもとに再構成した。

船橋市の発表では、2002年8月の雑誌を除く一般書・児童書の除籍冊数は「187点」だが、上記表では「186点」で1冊は不明である。)

［資料4］　最高裁判所判決文

平成17年7月14日　第一小法廷判決　平成16年（受）第930号　損害賠償請求事件

裁判要旨：
　公立図書館の職員である公務員が、閲覧に供されている図書の廃棄について、著作者又は著作物に対する独断的な評価や個人的な好みによって不公正な取扱いをすることは、当該図書の著作者の人格的利益を侵害するものとして国家賠償法上違法となる。

内容：
件名
損害賠償請求事件（最高裁判所　平成16年（受）第930号　平成17年07月14日　第一小法廷判決　破棄差戻し）
原審
東京高等裁判所（平成15年（ネ）第5110号）

主文
原判決のうち被上告人に関する部分を破棄する。
前項の部分につき、本件を東京高等裁判所に差し戻す。

理由
　上告代理人内田智ほかの上告受理申立て理由について
1　原審の確定した事実関係の概要等は、次のとおりである。
（1）上告人A1会（以下「上告人A1会」という。）は、平成9年1月30日開催の設立総会を経て設立された権利能力なき社団であり、「新しい歴史・公民教科書およびその他の教科書の作成を企画・提案し、それらを児童・生徒の手に渡すことを目的とする」団体である。その余の上告人らは、上告人A1会の役員又は賛同者である（ただし、上告人A2は、上告人A1会の理事であった第1審原告Dの訴訟承継人である。以下、「上告人ら」というときは、上告人A2を除き、第1審原告Dを含むことがある。）。

（2）被上告人は、船橋市図書館条例（昭和56年船橋市条例第22号）に基づき、船橋市中央図書館、船橋市東図書館、船橋市西図書館及び船橋市北図書館を設置し、その図書館資料の除籍基準として、船橋市図書館資料除籍基準（以下「本件除籍基準」という。）を定めていた。

本件除籍基準には、「除籍対象資料」として、「(1) 蔵書点検の結果、所在が不明となったもので、3年経過してもなお不明のもの。(2) 貸出資料のうち督促等の努力にもかかわらず、3年以上回収不能のもの。(3) 利用者が汚損・破損・紛失した資料で弁償の対象となったもの。(4) 不可抗力の災害・事故により失われたもの。(5) 汚損・破損が著しく、補修が不可能なもの。(6) 内容が古くなり、資料的価値のなくなったもの。(7) 利用が低下し、今後も利用される見込みがなく、資料的価値のなくなったもの。(8) 新版・改訂版の出版により、代替が必要なもの。(9) 雑誌は、図書館の定めた保存年限を経過したものも除籍の対象とする。」と定められていた。

（3）平成13年8月10日から同月26日にかけて、当時船橋市西図書館に司書として勤務していた職員（以下「本件司書」という。）が、上告人A1会やこれに賛同する者等及びその著書に対する否定的評価と反感から、その独断で、同図書館の蔵書のうち上告人らの執筆又は編集に係る書籍を含む合計107冊（この中には上告人A1会の賛同者以外の著書も含まれている。）を、他の職員に指示して手元に集めた上、本件除籍基準に定められた「除籍対象資料」に該当しないにもかかわらず、コンピューターの蔵書リストから除籍する処理をして廃棄した（以下、これを「本件廃棄」という。）。

本件廃棄に係る図書の編著者別の冊数は、第1審判決別紙2「関連図書蔵書・除籍数一覧表」のとおりであり、このうち上告人らの執筆又は編集に係る書籍の内訳は、第1審判決別紙1「除籍図書目録」（ただし、番号20、21、24、26を除く。）のとおりである。

（4）本件廃棄から約8か月後の平成14年4月12日付け産経新聞（全国版）において、平成13年8月ころ、船橋市西図書館に収蔵されていたEの著書44冊のうち43冊、Fの著書58冊のうち25冊が廃棄処分されていたなどと報道され、これをきっかけとして本件廃棄が発覚した。

（5）本件司書は、平成14年5月10日、船橋市教育委員会委員長にあてて、本件廃棄は自分がした旨の上申書を提出し、同委員会は、同月29日、本件司書に対し6か月間減給10分の1とする懲戒処分を行った。

（6）本件廃棄の対象となった図書のうち103冊は、同年7月4日までに本件司書を含む船橋市教育委員会生涯学習部の職員5名からの寄付という形で再び船橋市西図書館に収蔵された。残り4冊については、入手困難であったため、上記5名が、同一著者の執筆した書籍を代替図書として寄付し、同図書館に収蔵された。

2　本件は、上告人らが、本件廃棄によって著作者としての人格的利益等を侵害されて精神的苦痛を受けた旨主張し、被上告人に対し、国家賠償法1条1項又は民法715条に基づき、慰謝料の支払を求めるものである。

3　原審は、上記事実関係の下で、次のとおり判断し、上告人らの請求を棄却すべきものとした。

著作者は、自らの著作物を図書館が購入することを法的に請求することができる地位にあるとは解されないし、その著作物が図書館に購入された場合でも、当該図書館に対し、これを閲覧に供する方法について、著作権又は著作者人格権等の侵害を伴う場合は格別、それ以外には、法律上何らかの具体的な請求ができる地位に立つまでの関係には至らないと解される。したがって、被上告人の図書館に収蔵され閲覧に供されている書籍の著作者は、被上告人に対し、その著作物が図書館に収蔵され閲覧に供されることにつき、何ら法的な権利利益を有するものではない。そうすると、本件廃棄によって上告人らの権利利益が侵害されたことを前提とする上告人らの主張は、採用することができない。

4　しかしながら、原審の上記判断は是認することができない。その理由は、次のとおりである。

（1）図書館は、「図書、記録その他必要な資料を収集し、整理し、保存して、一般公衆の利用に供し、その教養、調査研究、レクリエーション等に資することを目的とする施設」であり（図書館法2条1項）、「社会教育のための機関」であって（社会教育法9条1項）、国及び地方公共団体が国民の文化的教養を高め得るような環境を醸成するための施設として位置付けられている（同法3条1項、教育基本法7条2項参照）。公立図書館は、この目的を達成するために地方公共団体が設置した公の施設である（図書館法2条2項、地方自治法244条、地方教育行政の組織及び運営に関する法律30条）。そして、図書館は、図書館奉仕（図書館サービス）のため、①図書館資料を収集して一般公衆の利用に供すること、②図書館資料の分類排列を適切にし、その目録を整備することなどに努めなければならないものとされ（図書館法3条）、特に、公立図書館については、その設置及び運営上の望ましい基準が文部科学大臣によって定められ、教育委員会に提示するとともに一般公衆に対して示すものとされており（同法18条）、平成13年7月18日に文部科学大臣によって告示された「公立図書館の設置及び運営上の望ましい基準」（文部科学省告示第132号）は、公立図書館の設置者に対し、同基準に基づき、図書館奉仕（図書館サービス）の実施に努めなければならないものとしている。同基準によれば、公立図書館は、図書館資料の収集、提供等につき、①住民の学習活動等を適切に援助するため、住民の高度化・多様化する要求に十分に配慮すること、②広く住民の利用に供するため、情報処理機能の向上を図り、有効かつ迅速なサービスを行うことができる体制を整えるよう努めること、③住民の要求に応えるため、新刊図書及び雑誌の迅速な確保並びに他の図書館との連携・協力により図書館の機能を十分発揮できる種類及び量の資料の整備に努めることなどとされている。

公立図書館の上記のような役割、機能等に照らせば、公立図書館は、住民に対して思想、意見その他の種々の情報を含む図書館資料を提供してその教養を高めること等を目的とする公的な場ということができる。そして、公立図書館の図書館職員は、公立図書館が上記のような役割を果たせるように、独断的な評価や個人的な好みにとらわれることなく、公正に図書館資料を取り扱うべき職務上の義務を負うものというべきであり、閲覧に供されている図書について、独断的な評価や個人的な好みによってこれを廃棄することは、図書館職員としての基本的な職務上の義務に反するものといわなければならない。

(2) 他方、公立図書館が、上記のとおり、住民に図書館資料を提供するための公的な場であるということは、そこで閲覧に供された図書の著作者にとって、その思想、意見等を公衆に伝達する公的な場でもあるということができる。したがって、公立図書館の図書館職員が閲覧に供されている図書を著作者の思想や信条を理由とするなど不公正な取扱いによって廃棄することは、当該著作者が著作物によってその思想、意見等を公衆に伝達する利益を不当に損なうものといわなければならない。そして、著作者の思想の自由、表現の自由が憲法により保障された基本的人権であることにもかんがみると、公立図書館において、その著作物が閲覧に供されている著作者が有する上記利益は、法的保護に値する人格的利益であると解するのが相当であり、【要旨】公立図書館の図書館職員である公務員が、図書の廃棄について、基本的な職務上の義務に反し、著作者又は著作物に対する独断的な評価や個人的な好みによって不公正な取扱いをしたときは、当該図書の著作者の上記人格的利益を侵害するものとして国家賠償法上違法となるというべきである。

(3) 前記事実関係によれば、本件廃棄は、公立図書館である船橋市西図書館の本件司書が、上告人A1会やその賛同者等及びその著書に対する否定的評価と反感から行ったものというのであるから、上告人らは、本件廃棄により、上記人格的利益を違法に侵害されたものというべきである。

5　したがって、これと異なる見解に立って、上告人らの被上告人に対する請求を棄却すべきものとした原審の判断には、判決に影響を及ぼすことが明らかな法令の違反がある。論旨は、上記の趣旨をいうものとして理由があり、原判決のうち被上告人に関する部分は破棄を免れない。そして、本件については、更に審理を尽くさせる必要があるから、上記部分につき本件を原審に差し戻すこととする。

よって、裁判官全員一致の意見で、主文のとおり判決する。

（裁判長裁判官　横尾和子　裁判官　甲斐中辰夫　裁判官　泉徳治　裁判官　島田仁郎　裁判官　才口千晴）

あとがき

この二〇二三年秋、戦後初期の旧態依然とした公共図書館を無血革命によって「市民の図書館」へと導いた前川恒雄さんを追悼する集いがあった。二〇年四月に他界されたのだが、新型コロナウイルス感染症の影響で延びていた。世話人が参列者に「前川さんの「志」を継ぐ言葉」を募って小冊子にして配布した。寄せられたメッセージのなかに「「民主主義を支える基盤としての図書館」という前川さんの考えが、今とても大切なように思われる」と述べている方がいた。図書館が市民の「光」になっていることをあらためて感じている。

実は数年前から元同僚や友人らの支援と激励に応えるために旧稿に手を入れながら構想をまとめるつもりが、コロナ禍などで頓挫して執筆を断念せざるをえなくなっていた。加えて、私にとって師父である前川さんの死去はつらかった。だが、それが転機になった。「なんとか出版して前川さんの墓前に捧げたい」。その思いから、前著『「自由宣言」と図書館活動』(青弓社、一九九三年)でお世話になった青弓社の矢野恵二氏に出版の意向を伝えた。氏は即断で快諾し、その結果、中断していた改稿にとりかかることができた。

本書の出版に際しては、公私多忙な元同僚や友人に原稿の閲読の面倒までおかけしたこと、また、青弓社の若いスタッフの方々の懇切な制作作業をいただいたこと、ここに記して心から感謝したい。

さらに、本書を美しい装丁で包んでくださった黒瀬章夫氏にも。

最後に、矢野恵二氏の前著から三十年ぶりのお力添えなくしては出版の実現をみなかっただろう。刊行のご快諾から構成、編集・制作の実務面まで多大なご配慮とご助言をいただいたこと、厚くお礼を申し上げる。ありがとうございました。

二〇二三年十一月三日